Mário Mascarenhas

O MELHOR DA MÚSICA POPULAR BRASILEIRA
com cifras para: piano, órgão, violão e acordeon

100 sucessos

VOL. VI

Nº Cat.: 227-A

Irmãos Vitale Editores Ltda.
vitale.com.br
Rua Raposo Tavares, 85 São Paulo SP
CEP: 04704-110 editora@vitale.com.br Tel.: 11 5081-9499

© Copyright 1988 by Irmãos Vitale Editores Ltda. - São Paulo - Rio de Janeiro - Brasil.
Todos os direitos autorais reservados para todos os países. *All rights reserved.*

CIP-BRASIL. CATALOGAÇÃO NA FONTE
SINDICATO NACIONAL DOS EDITORES DE LIVROS - RJ.

M461m

Mascarenhas, Mário, 1929-1992
O melhor da música popular brasileira, volume 6 : com cifras para piano, órgão, violão e acordeon
/ Mário Mascarenhas.   São Paulo : Irmãos Vitale, 2008.
282p.

ISBN 85-85188-76-6
ISBN 978-85-85188-76-4

    1. Música popular - Brasil.
    2. Partituras.
        I. Título.

08-1401.   CDD: 784.500981
                CDU: 78.067.26(81)

Mário Mascarenhas

Mário Mascarenhas é o autor desta magnífica enciclopédia musical, que por certo irá encantar não só os músicos brasileiros como também os músicos de todo mundo, com estas verdadeiras e imortais obras primas de nossa música

Ilustração original da capa - LAN

PREFÁCIO

Como um colar de pérolas, diamantes, safiras, esmeraldas, o Professor Mário Mascarenhas junta, nesta obra, as verdadeiras e imortais obras primas da Música Popular Brasileira, em arranjos para piano mas que também podem ser executados por órgão, violão e acordeon. A harmonização foi feita com encadeamento moderno de acordes.

Quando se escrever a verdadeira História da Música Popular Brasileira, um capítulo terá de ser reservado a Mário Mascarenhas. Em todo o seu trabalho ele só tem pensado na música popular do seu país. Horas a fio pesquisando, trabalhando, escrevendo música, ele se tornou o verdadeiro defensor de nossos ritmos, consagrando-se em todas as obras que já editou de nossa cultura musical.

A coleção, "O MELHOR DA MÚSICA POPULAR BRASILEIRA", compõe-se de 10 volumes contendo cada um 100 sucessos ocorridos nos últimos 60 anos, mostrando tudo o que se compôs no terreno popular desde 1920. Esta extraordinária coleção, contém, no seu total, 1000 músicas populares brasileiras.

A Editora Vitale, que agradece a colaboração das editoras que se fizeram presentes nesta obra, escolheu o Professor Mário Mascarenhas, não só pelo seu extraordinário talento musical demonstrado há mais de quarenta anos, como, também, pela excelência de seus arranjos e pela qualidade que ele imprime ao trabalho que realiza. São arranjos modernos, o que prova a atualidade do Professor, à sua percepção do momento, porque, para ele, os anos se foram apenas no calendário. Mário Mascarenhas continua jovem com seu trabalho, dentro de todos os padrões musicais em melodias que já passaram e de outras que ainda estão presentes.

Mascarenhas diz que o samba, com seu ritmo sincopado e exótico que circula em nosso sangue, atravessa nossas fronteiras e vai encantar outros povos, com sua cadência e ginga deliciosas. E a música popular brasileira, no seu entender é a alma do povo que traduz o nosso passado através dos seus ritmos sincopados, que herdamos dos cantos langorosos dos escravos trazidos em navios-negreiros, com seus batuques, lundus, maracatus, congadas, tocados e cantados nas senzalas.

Nossa Música Popular se origina também dos cantos guerreiros e danças místicas de nossos índios e principalmente na música portuguesa transmitida pelos jesuítas e colonizadores, como sejam as cantigas de roda, fados e modinhas falando de amor.

Diz ainda o Professor Mascarenhas que a nossa música popular é inspirada também nas valsas, quadrilhas, xotes, marchas e polcas, dançadas pelas donzelas de anquinhas, tudo como se fosse uma exposição de quadros de Debret, pintados com palheta multicor de tintas sonoras.

Hoje, cada vez mais incrustada em nosso sangue, a nova Música Popular Brasileira surge modernizada, com roupagem, estrutura e forma, criados por inúmeros compositores atuais, alicerçados, porém nas velhas raízes popularescas. Os arranjos foram feitos especialmente para esta obra.

A Editora Vitale tem, portanto, orgulho de apresentar "O Melhor da Música Popular Brasileira" em um trabalho do Professor Mário Mascarenhas. Agradecimentos a todos os autores e todas as editoras que vieram colaborar nesta autêntica enciclopédia musical, a primeira que é apresentada no Brasil.

Everardo Guilhon

HOMENAGEM

Dedico esta obra, como uma "Homenagem Póstuma", ao grande incentivador de nossa Música Popular Brasileira, o Snr. Emílio Vitale.

AGRADECIMENTOS

Com o mais alto entusiasmo, agradeço aos meus grandes amigos que colaboraram com tanta eficiência, trabalho e carinho nos arranjos desta obra.

Foram eles: Thomaz Verna, diretor do Departamento Editorial de Irmãos Vitale, a Pianista Professora Belmira Cardoso, o conceituado Maestro José Pereira dos Santos e o notável Maestro e Arranjador Ely Arcoverde.

Numa admirável comunhão de idéias, cada um demonstrou sua competência e entusiasmo, compreendendo o meu pensamento e a minha ânsia de acertar e de realizar este difícil trabalho em pról de nossa Música Popular Brasileira.

À FERNANDO VITALE

Ao terminar esta obra, empolgado pela beleza e variedade das peças, as quais são o que há de melhor de nosso Cancioneiro Popular, deixo aqui minhas palavras de congratulações ao Snr. Fernando Vitale, idealizador desta coleção.

Além de me incentivar a elaborar este importante e grande trabalho, Fernando Vitale, foi verdadeiramente dinâmico e entusiasta, não poupando esforços para que tudo se realizasse com esmero e arte.

Ele idealizou e realizou, prevendo que esta coleção seria de grande utilidade para os amantes de nossa Maravilhosa Música Popular Brasileira.

À LARRIBEL E M.º MOACYR SILVA

Aos amigos Larribel, funcionário de Irmãos Vitale e M.º Moacyr Silva, meus agradecimentos pelo imenso trabalho que tiveram na escolha e seleção conscienciosa das peças.

ÀS EDITORAS DE MÚSICA

Não fôra a cooperação e o espírito de solidariedade de todas as EDITORAS, autorizando a inclusão de suas belas e imortais páginas de nossa música, esta obra não seria completa.

Imensamente agradecido, transcrevo aqui os nomes de todas elas, cujo pensamento foi um só: enaltecer e difundir cada vez mais nossa extraordinária e mundialmente admirada MÚSICA POPULAR BRASILEIRA!

ALOISIO DE OLIVEIRA
ANTONIO CARLOS JOBIM
ARY BARROSO
BADEN POWELL
"BANDEIRANTE" EDITORA MUSICAL LTDA
"CARA NOVA" EDITORA MUSICAL LTDA
"CRUZEIRO" MUSICAL LTDA
CARLOS LYRA
CHIQUINHA GONZAGA
EBRAU
"ECRA" REALIZAÇÕES ARTÍSTICAS LTDA
EDIÇÕES "EUTERPE" LTDA
EDIÇÕES "INTERSONG" LTDA

EDIÇÕES MUSICAIS "HELO" LTDA
EDIÇÕES MUSICAIS "MOLEQUE" LTDA
EDIÇÕES MUSICAIS "PÉRGOLA" LTDA
EDIÇÕES MUSICAIS "SAMBA" LTDA
EDIÇÕES MUSICAIS "SATURNO" LTDA
EDIÇÕES MUSICAIS "TAPAJÓS" LTDA
EDIÇÕES MUSICAIS "TEMPLO" LTDA
EDIÇÕES "TIGER" MÚSICA E DISCO LTDA
EDITORA "ARTHUR NAPOLEÃO" LTDA
EDITORA CLAVE MUSICAL LTDA
EDITORA "COPACOR" LTDA
EDITORA DE MÚSICA "INDUS" LTDA
EDITORA DE MÚSICA "LYRA" LTDA
EDITORA "DRINK" LTDA
EDITORA "GAPA-SATURNO" LTDA
EDITORA GRÁFICA E FONOGRÁFICA "MARÉ" LTDA
EDITORA MUSICAL "AMIGOS" LTDA
EDITORA MUSICAL "ARLEQUIM" LTDA
EDITORA MUSICAL "ARAPUÃ" LTDA
EDITORA MUSICAL BRASILEIRA LTDA
EDITORA MUSICAL "PIERROT" LTDA
EDITORA MUSICAL "RCA" LTDA
EDITORA MUSICAL "RCA JAGUARÉ" LTDA
EDITORA MUSICAL "RCA LEME" LTDA
EDITORA MUSICAL "RENASCÊNÇA" LTDA
EDITORA "MUNDO MUSICAL" LTDA
EDITORA "NOSSA TERRA" LTDA
EDITORA "RIO MUSICAL" LTDA
EDITORA MUSICAL "VIÚVA GUERREIRO" LTDA
ERNESTO AUGUSTO DE MATTOS (E. A. M.)
ERNESTO DORNELLAS (CANDOCA DA ANUNCIAÇÃO)
FERMATA DO BRASIL LTDA
"FORTALEZA" EDITORA MUSICAL LTDA
"GRAÚNA" EDIÇÕES MUSICAIS LTDA
GUITARRA DE PRATA INSTRUMENTOS DE MÚSICA LTDA
HENRIQUE FOREIS (ALMIRANTE)
I.M.L. — TUPY — CEMBRA LTDA
ITAIPU EDIÇÕES MUSICAIS LTDA
JOÃO DE AQUINO
"LEBLON" MUSICAL LTDA
"LOUÇA FINA" EDIÇÕES MUSICAIS LTDA
"LUANDA" EDIÇÕES MUSICAIS LTDA
MANGIONE & FILHOS CO. LTDA
MELODIAS POPULARES LTDA
"MUSIBRAS" EDITORA MUSICAL LTDA
"MUSICLAVE" EDITORA MUSICAL LTDA
"MUSISOM" EDITORA MUSICAL LTDA
PÃO E POESIA" EDIÇÕES MUSICAIS LTDA
PAULO CESAR PINHEIRO
RICORDI BRASILEIRA LTDA
"SEMPRE VIVA" EDIÇÕES MUSICAIS LTDA
"SERESTA" EDIÇÕES MUSICAIS LTDA
"TODAMERICA" MÚSICA LTDA
"TONGA" EDITORA MUSICAL LTDA
"TRÊS MARIAS" EDITORA MUSICAL LTDA
"TREVO" EDITORA MUSICAL LTDA

Mário Mascarenhas

Índice

A BANDA - Chico Buarque de Hollanda	8
AS CANÇÕES QUE VOCÊ FEZ PRA MIM - Roberto Carlos e Erasmo Carlos	245
AH! COMO EU TE AMEI - J. Velloso e Ney Velloso	20
AI QUEM ME DERA - Vinicius de Moraes e Toquinho	138
ALGUÉM COMO TU - José Maria de Abreu e Jair Amorim	206
ALGUÉM ME DISSE - Ewaldo Gouveia e Jair Amorim	252
ALÔ ALÔ - André Filho	248
ANDANÇA - Danilo Caymmi, Edmundo Souto Neto e Paulinho Tapajós	58
ANOS DOURADOS - A. Carlos Jobim e Chico Buarque de Hollanda	117
AVENTURA - Eduardo Dussek	17
BILHETE - Ivan Lins e Vitor Martins	120
CHARLIE BROWN - Benito di Paula	132
CABELOS NEGROS - Eduardo Dussek e Luiz Antonio de Cassio	208
CACHOEIRA - Luiz Guedes e Thomas Roth	200
CAMUNDONGO - Chôro - Waldir Azevedo e Risadinha do Pandeiro	264
CANÇÃO DA MANHÃ FELIZ - Luis Reis e Haroldo Barbosa	260
CANÇÃO DA VOLTA - Ismael Netto e Antonio Maria	196
CHEGA DE SAUDADE - Antonio Carlos Jobim e Vinicius de Moraes	80
CHORA CAVAQUINHO - Dunga	254
CHOVENDO NA ROSEIRA - Antonio Carlos Jobim	220
CHUVA DE PRATA - Ed Wilson e Ronaldo Bastos	202
COISAS DO BRASIL - Guilherme Arantes e Nelson Motta	160
COMEÇAR DE NOVO - Ivan Lins e Vitor Martins	47
CORAÇÃO APAIXONADO - Fernando Adour e Ricardo Magno	122
CORAÇÃO APRENDIZ - Sueli Costa e Abel Silva	104
CORAÇÃO ATEU - Sueli Costa	172
CORAÇÃO DE ESTUDANTE - Milton Nascimento e Wagner Tiso	154
CORCOVADO - Antonio Carlos Jobim	134
DÁ-ME - Adilson Godoy	262
DE VOLTA PRO ACONCHEGO - Nando Cordel e Dominguinhos	114
DEIXA - Baden Powell e Vinicius de Moraes	236
DEIXA EU TE AMAR - Agepê, Camillo e Mauro Silva	233
DESAFINADO - Antonio Carlos Jobim e Newton Mendonça	74
É DOCE MORRER NO MAR - Dorival Caymmi e Jorge Amado	190
ENCONTROS E DESPEDIDAS - Milton Nascimento e Fernando Brant	53
ESTA NOITE EU QUERIA QUE O MUNDO ACABASSE - Silvio Lima	192
EU SEI QUE VOU TE AMAR - A.C. Jobim e Vinicius de Moraes	128
EU SÓ QUERO UM XODÓ - Dominguinhos e Anastacia	176
EU TE AMO - Antonio C. Jobim e Chico Buarque de Hollanda	101
ESCRITO NAS ESTRELAS - Arnaldo Black e Carlos Rennó	228
FLOR DE LIS - Djavan	11
ISTO AQUI O QUE É - Ary Barroso	217
JURAR COM LÁGRIMAS - Paulinho da Viola	256
KID CAVAQUINHO - João Bosco e Aldyr Blanc	166
LUA E ESTRELA - Vinicius Cantuária	136
LUAR DE PAQUETÁ - Freire Junior, Hermes Fontes e João de Barro	66
LUZ DO SOL - Caetano Velloso	107
MARIA MARIA - Milton Nascimento e Fernando Brant	77
MÁSCARA NEGRA - Zé Kety e Pereira Mattos	214
MINHA PALHOÇA (SE VOCÊ QUIZESSE) - J. Cascata	92

Título	Autor	Página
MISTURA	Roberto Kelly	204
MORENA BOCA DE OURO	Ary Barroso	95
NANCY	Luiz Lacerda e Bruno Arelly	239
NO TABULEIRO DA BAIANA	Ary Barroso	61
NOS BAILES DA VIDA	Milton Nascimento e Fernando Brant	44
NOITES CARIOCAS	Jacob do Bandolin	30
NOSSA SENHORA DAS GRAÇAS	Lupicinio Rodrigues	164
O "DENGO" QUE A NÊGA TEM	Dorival Caymmi	186
O MENINO DA PORTEIRA	Teddy Vieira e Luizinho	14
O SANFONEIRO SÓ TOCAVA ISSO	Haroldo Lobo e Geraldo Medeiros	188
O TRENZINHO DO CAIPIRA	Heitor Villa Lobos	266
OS PINTINHOS NO TERREIRO	Zequinha Abreu	56
ODARA	Caetano Velloso	180
ORGULHO	Waldir Rocha e Nelson Wederkind	258
OUTRA VEZ	Izolda	41
OVELHA NEGRA	Rita Lee	88
PAPEL MARCHÉ	João Bosco	198
PEDIDO DE CASAMENTO	Mário Mascarenhas	230
PEGA RAPAZ	Rita Lee e Roberto Carvalho	50
PISANDO CORAÇÕES	Antenogenes Silva e Ernani Campos	148
PRECISO APRENDER A SER SÓ	Marcos e Paulo Sergio Valle	226
PRIMEIRO AMOR	Pattapio Silva	178
QUE BATE FUNDO É ESSE?	Bide e Marçal	170
QUERO QUE VÁ TUDO PRO INFERNO	Roberto Carlos e Erasmo Carlos	98
QUIXERAMOBIM	Mário Mascarenhas	211
RASGUEI O TEU RETRATO	Cândido das Neves (Índio)	184
SABIÁ	Antonio Carlos Jobim e Chico Buarque de Hollanda	34
SAMBA DE UMA NOTA SÓ	Antonio C. Jobim e Newton Mendonça	27
SAMBA DE VERÃO	Marcos e Paulo Sergio Valle	124
SAMBA DO CARIOCA	Carlos Lyra e Vinicius de Moraes	141
SAMBA DO PERDÃO	Baden Powell e Paulo Cesar Pinheiro	144
SAXOFONE PORQUE CHORAS?	Ratinho	157
SE DEUS ME OUVISSE	Almir Rogério	174
SE EU QUIZER FALAR COM DEUS	Gilberto Gil	130
SEI QUE É COVARDIA... MAS	Ataulfo Alves e Claudionor Cruz	162
SENTADO À BEIRA DO CAMINHO	Roberto Carlos e Erasmo Carlos	84
SERENATA SUBURBANA	Capiba	168
SETE MARIAS	Sá e Guarabira	38
SINA	Djavan	151
SOLIDÃO	Dolores Duran	194
TRISTEZA DANADA	Majó	70
UM a ZERO (1×0)	Pixinguinha e Benedito Lacerda	242
VAI PASSAR	Chico Buarque de Hollanda e Francis Hime	110
VIDE VIDA MARVADA	Rolando Boldrin	223
VIOLA ENLUARADA	Marcos e Paulo Sergio Valle	22
VIOLÃO NÃO SE EMPRESTA A NINGUÉM	Benito di Paula	250
VOCÊ E EU	Carlos Lyra e Vinicius de Moraes	182
WAVE	Antonio Carlos Jobim	24
ZINGARA	Joubert de Carvalho e Olegario Mariano	126
ZINHA	Pattapio Silva	64

A Banda

Marcha Rancho

Letra e Música de Chico Buarque de Hollanda

© Copyright 1963 by M.B.M. - Editora Brasileira Moderna - São Paulo - Brasil
Todos os direitos autorais reservados - All rights reserved

TOM - FÁ MAIOR

F C7 F
Introdução: *F7M F C7 F*

F   C7
 Estava à toa na vida
      Am7
 O meu amor me chamou
   D7   Gm
 Prá ver a banda passar
   C7   F
 Cantando coisas de amor.
     C7
 A minha gente sofrida
     Am7
 Despediu-se da dor
   D7   Gm
 Prá ver a banda passar
   C7   F
 Cantando coisas de amor.
    F Dm Gm
 O homem sério que contava dinheiro, parou
C7 F7   Bb
 O faroleiro que contava vantagem parou
   Em7   A7
 A namorada que contava as estrelas parou
   G7   C7
 Para ver, ouvir e dar passagem.
    F   Gm
 A moça triste que vivia calada sorriu
C7 F   Bb
 A rosa triste que vivia fechada se abriu
   Em7 A7 Am7
 E a meninada toda se assanhou
   D7   Gm
 Prá ver a banda passar
   C7   F7
 Cantando coisas de amor.
     C7
 Estava à toa na vida
      Am7
 O meu amor me chamou
   D7   Gm
 Prá ver a banda passar
   C7   F
 Cantando coisas de amor.

     C7
 A minha gente sofrida
     Am7
 Despediu-se da dor
   D7   Gm
 Prá ver a banda passar
   C7   F
 Cantando coisas de amor
    F Dm Gm
 O velho fraco se esqueceu do cansaço e pensou
C7 F7   Bb
 Que ainda era moço prá sair no terraço e dançou
   Em7 A7 Dm
 A moça feia debruçou na janela
   G7   C7
 Pensando que a banda tocava prá ela
    F   Gm7
 A marcha alegre se espalhou na avenida e insistiu
C7 F7   Bb
 A lua cheia que vivia escondida surgiu
   Em A7 Dm
 Minha cidade toda se enfeitou
   D7   G7
 Prá ver a banda passar
   C7   F
 Cantando coisas de amor
      C7
 Mas para meu desencanto
      Am7
 O que era doce acabou
   D7   Gm
 Tudo tomou seu lugar
    C7   F
 Depois que a banda passou
      C7
 E cada qual no seu canto
      Am7
 E em cada canto uma dor
   D7   Gm
 Depois da banda passar
   C7   F
 Cantando coisas de amor.

Flor de Lis

Samba

Djavan

TOM — DÓ MAIOR
C G7 C

Introdução: C7M Fm7 Fm6 C7M9 C9-13

     C
 Valei-me Deus
      Bm7
 É o fim do nosso amor
     Am7
 Perdoa por favor
D9   Gm Gm7 C7
 Eu sei que o erro aconte - ceu
    F#m5 – B7
 Mas não sei o que fez
     Gm/Bb
 Todo mundo mudar de vez
A7   F#m7
 Onde foi que eu errei
B7   Em7
 Eu só sei que amei,
   A13 Dm7 G13
 Que amei, que amei, que amei,
G13 – C   Bm7
 Será talvez que a minha ilusão
E5+   Am7
 Foi dar meu coração
D9   Gm
 Com toda a força
    C7   F#m5 –
 Pra essa moça me fazer feliz
B7   Gm
 E o destino não quis
A7   F#m5 –
 Me ver com raiz
B7   C/E
 De uma flor de lys
Am7   D/F#
 E assim que eu vi
  Fm   C7M9 E5+7
 Nosso amor na poeira, poeira
  Am   Ab°   Gm7
 Morto na beleza fria de Maria
   C7   F7M Bb79
BIS E o meu jardim da vida ressecou
  C7M Am7   D79 –
 Morreu do pé que brotou Maria
   F/G   Gm47
 Nem margarida nasceu.

O Menino da Porteira

Teddy Vieira e Luizinho

TOM — DÓ MAIOR
C G7 C

Introdução: F C G7 C F C F G C

```
         C                                  G7
Toda vez que eu viajava pela estrada de Ouro fino,
   G7                                    C
De longe eu avistava a figura de um menino
      C                                      G7
Que corria, abria a porteira, depois vinha me pedindo
            G7      G      C/G    G7         C
"Toque o berrante, seu moço, que é  prá mim ficar ouvindo".
              F                         G7
Quando a boiada passava e a poeira ia baixando,
                              C
Eu jogava uma moeda e ele saia pulando
                                          G7
"Obrigado, boiadeiro, que Deus vai lhe acompanhando",
            C/D          G7       C
Prá aquele sertão afora, meu berrante ia tocando,
                                        G7
No caminho desta vida, muito espinho eu encontrei
                                                 C
Mas nem um calou mais fundo do que isto que eu passei.
                                       G7
Na minha viagem de volta, qualquer coisa eu cismei,
         G       C/G   G7      C
Vendo a porteira fechada, o menino não avistei,
   F                                    G7
Apeei do meu cavalo no ranchinho à beira ao chão
   G7                              C
Vi uma muié chorando, quis sabê qual a razão
                                       G7
"Boiadeiro, veio tarde, veja a cruz na escuridão.
           G7       C/D       G7        C
Quem matou o meu filhinho, foi um boi sem coração,
        C                                       G7
Lá prás bandas de Ouro Fino, levando o gado selvagem,
        G7                              C
Quando eu passo na porteira, até vejo a sua imagem.
      C                                     G7
O seu rangido tão triste mais parece uma mensagem,
            G       C/G   G7      C
Daquele rosto trigueiro, desejando-me boa viagem
   F                                    G7
A cruzinha do estradão, do pensamento não sai,
   G7                                         C
Eu já fiz um juramento que não esqueço jamais
              C                     C        G7
Nem que o meu gado estoure, nem que precise ir atrás,
             C/G
Neste pedaço de chão berrante, eu não toco nunca mais.
```

Aventura

Canção

Letra de Eduardo Dussek e Luiz C. Goes

Música de Eduardo Dussek

TOM — RÉ MAIOR
D A7 D

Introdução: D G D G D
               A   A

```
D
  Vi seu olhar
G/A
Seu olhar de festa
     D
De farol de moto
G/A
Azul celeste
       D7M/9
Me ganhou no ato
A7              D   G/A  A7
Uma carona prá lua.

D
Te arrastei
G/A
Estradas, desertos,
   D
Botecos abrindo
G/A
E a gente rindo
D7M9
Brindando cerveja
A7                  D
Como se fosse champagne.
```

```
D
Todos faróis
     A7
Me lembram seus olhos
         C
Durmo a viajar
G
Entre lençóis
          Bb
Teu corpo fica a dançar
  F              G6
No meio do nosso jantar
          G6   A7  D  G  D  G F#7
Luz de velas.     A       A

Bm
Aventurar
 F#
Por toda a cidade
E          Bm
A te procurar

Todos os lugares
Em7
Pintam ciúmes
    A7
Na mesa de um bar

F#m
Mas você sente
   B7
E começa a brincar
G#°              C#9-
Diz: "Fica Frio", meu bem
              F#m
É melhor relaxar
         A7         D  G  D  G
Palmeira no mar...    A     A

D
Todos os faróis, etc. ...
```

Ah! como eu amei

Balada

Jota Velloso e Ney Velloso

TOM — Slb MAIOR
Bb F7 Bb

Introdução: *Bb Cm F7 Bb Cm G7 Cm F7*

Bb
  O amor que eu tenho guardado no peito
Bb
  Me faz ser alegre sofrido e carente.

  Cm7   *F7*
  Ah! Como eu te amei
     Bb
  Eu sonho, sou verso,

  Sou terra, sou sol,

  Sentimento aberto
  Cm7   *F7*
  Ah! Como eu amei
D7 -   *Gm7*
  Ah! Como caminhei
  D7   *Gm*
  Ah! Não entendi
       Gm7   *F7*
  Que eu era feliz, era vida
         Bb
  Minha espera acabou
  Gm7   *Cm*
  Meu corpo cansado

         F7
  E eu mais velho
             Cm
  Meu sorriso sem graça chorou.
F7 *Eb/F*   *Bb*
  Ah! Como eu amei
D7   *Gm*
  Ah! eu caminhei

Bb
  Tem dias que eu paro

  Me lembro e choro

  Com medo eu reflito
         Eb
  Que não fui perfeito
            F7
  Ah! Como eu te amei, etc.

Viola Enluarada

Marcos Valle e Paulo Sergio Valle

TOM — DÓ MAIOR

C G7 C

Introdução: Fm/Ab G/F G7 C

      C7M   C°   G
A mão que toca o violão
  Gm   F
Se for preciso faz a guerra
Fm/Ab   C7M   F6   F G7
Mata o mundo, fere a terra
C   C°   G
A voz que canta uma canção
       Gm
Se for preciso
      F   Fm   Dm G7
Canta um hino,   louva a mor-te
C7M   C°   G
Viola em noite enluarada
     Gm7   F
No sertão é como espada
Fm/Ab C7M F6 F G7
Esperança de vingança
C   C°   G
É mesmo pé que dança um samba
   Gm
Se preciso
     Fm
F Ab   Dm G7
Vai à luta, capoei - ra

C7M   D   Dm5- G7
Quem tem de noite a companhei-ra
Cm   D   Dm5- G7
Sabe que a paz é passagei-ra
C   D   Eb7M A7 Ab7M Dm5-
Prá defendê-la se levanta e grita
    F G7
"Eu vou"!
C7m   C°   G
Mão, violão, canção, espada
  Gm   F
E viola enluarada
Fm/Ab C7M F6 F G7
Pelo campo e cidade
C   C°   G   Gm
Porta-bandeira capoeira desfilando
   F
Vão cantando
          Bb F
Fm F G7 C C C C7M
Liberda - de!

Wave

Letra e Música de Antonio Carlos Jobim

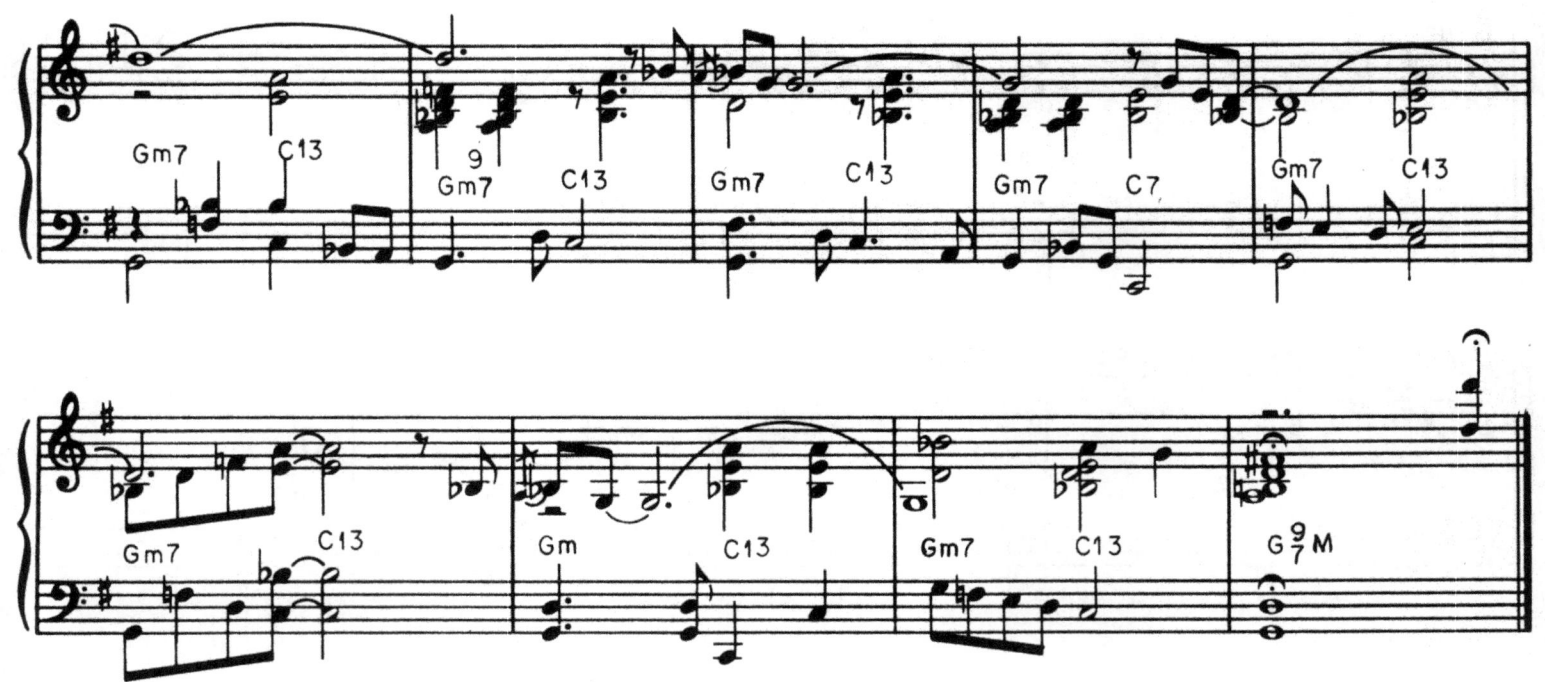

TOM — SOL MAIOR
G D7 G

Introdução: *Gm7 C13 Gm9 C13 Gm7 C13 Gm7 C13*

            G7M   D9−   *Dm7*
     Vou te contar, os olhos já não podem ver

    G7   *C7M*   *Cm7*   *B13 B75+*
D Coisas que só o coração pode entender.
E
      E79−   *A7*
    Fundamental é mesmo o amor

     Eb9   *D7*   *Gm* *C7*
    É impossível ser feliz sozinho   7

        G7M   D9−   *Dm7 B5+*
9− O resto é mar, é tudo que eu não sei contar

    G7   *C7M*   *Cm6*   *B13*
D São coisas lindas que eu tenho prá te dar
E
      E79− Em/A   A7
    Fundamental é mesmo o amor

     Eb9   *D7*   *Gm7 C Gm7 C*
    É impossível ser feliz sozinho

Cm7   *F/Eb*   *Dm7*   *Bb7M*
Da primeira vez era a cidade

Bbm7   *Db/Db*   *Cm7 D9−5+*
Da segunda o cais e a eternidade

        G7M   D9−   *Dm7*
    Agora eu já sei da onda que se ergueu no mar.

        C7M9   *Cm6*   *B13 B75+*
D E das estrelas que esquecemos de contar
E
      E79−   *Em7/A*
    O amor se deixa supreender, enquanto   9

     Eb9   *D7* *Gm7Gm C7 Gm7 D13 Gm7 C13 G7M*
    A noite vem nos envolver

Samba de uma nota só

Letra de Newton Mendonça
Música de Antonio Carlos Jobim

TOM — DÓ MAIOR
C G7 C

Introdução: Gm9 Gb7 F7M Fm6 Bb7 Em7 Eb7 Dm7 Db7 C6

     Em7   Eb7
Eis aqui este sambinha
    Dm9   Db79
Feito numa nota só
      Em7   Eb7
Outras notas vão entrar
     Dm9   Db7M11
Mas a base é uma só
     Gm9   Gb7
Esta outra é consequência
     F7M9   Fm6
Do que acabo de dizer
Bb7   Em7   Eb7
Como eu sou a consequência
   Dm7 Db7   C6
Inevitável de você
Fm7   Ab/Bb
Quanta gente existe por aí
               Eb7M
Que fala fala e não diz nada
       Eb7M
Ou quase nada
Ebm7   Ab13
Já me utilizei de toda escala
           Db7M
E no final não deu em nada
    Gb5-9-
Não sobrou nada
    Em7   Eb7
E voltei pra minha nota
     Dm11   Db5+9
Como eu volto pra você
    Em7   Eb7
Vou contar prá minha nota
    Dm7   Db9
Como eu gosto de você
    Gm9   C13
E quem quer todas as notas
   F7M   Fm6
Ré Mi Fá Sol Lá Si Dó
 Eb7   Dm7
Fica sempre sem nenhuma
 Db9   Cb9
Fica numa nota só.

Noites Cariocas

Chôro

Letra Herminio Bello de Carvalho

Música de Jacob do Bandolim

TOM — RÉ MAIOR
D A7 D

Introdução: *D G#° D C# C B7 E7 A7 D*

```
        A7              D7M
Sei que ao meu coração
              F7°
Só lhe resta escolher
   D     A7        D
Os caminhos que a dor
       Em7    F#m7
Sutilmente traçou
          B7     Em
Para me aprisionar,
   B7          Em
Nem me cabe sonhar
   A7          Em
Com o que definhou,
   A7       Em
Vou me repreender
                  A7
Prá não mais me envolver
              D
Nessas tramas de amor...
   A7             D7M
Eu bem sei que nós dois
        F°
Somos bem desiguais:
           D
   D     F#
Para que martelar
       B7
insistir, repisar
            Em
tanto faz, tanto fez...
        G
Eu por mim desisti
       F°
Me cansei e fugi
              D
Eu por mim decretei
          F#5-
Que fali - e daí
   B7
   F#
Eu jurei para mim
            A7
Não botar nunca mais
                D
Minhas mãos pelos pés...
```

```
   Am7      D7     Am7
Mas que tanta mentira
     D7     Am7
Eu ando pregando
     D7       G7M
Supondo talvez me enganar
   Bm7     E7      Bm7
Mas que tanta crueza
       E7       Bm7
Se em mim a certeza
         E7         Am
É maior do que tudo que há:
Am7   G7        C
Todas vezes que eu sonho
               C#°              G
É você quem me rouba a justeza do sono:
Bm7     Em7   B
É você quem invade
       G#m7    C#m7
Bem sonso e covarde
    F#7        B    B6      Em
As noites que eu tento dormir meio em paz.
          D7      Am7
Sei que mais cedo ou mais tarde
        D7      Am7
Eu vou ter que expulsar
        D7     G
Todo o mal que você me rogou,
Bm7    E7     Bm7
Custe o que me custar
    E7    Am    E7      Am
Vou desanuviar toda dor que você me causou.
Am7         Am7    A#°   G            F6  E7
Eu vou me redimir e existir mas sem ter que ouvir
Am7              D7
As mentiras mais loucas
                 G      E7        A7
Que alguém já pregou nesse mundo prá mim...
A7                    G
Sei que mais cedo ou mais tarde
   F°            D
Vai ter um covarde pedindo perdão
              B9
       F#    F#       E7
Mas sei também  que o meu coração
                    A7        D
Não vai querer se curvar só de humilhação
```

Sabiá

Bossa

Tom Jobim e Chico Buarque

TOM — MIb-MAIOR
Eb Bb7 Eb

Introdução: *B11+   G7   G11+   Eb6   Eb°*

   Fm9
 Vou voltar

Bb13   *Eb Gb°* *Fm9*
Sei que ainda vou vou voltar
     Cm
Para o meu lugar

G5+ *Gm/B6 A7* *Ab7M* *Gm7*
Foi lá e é ainda lá
Fm7 *G5+* *Cm*
Que eu hei de ouvir
   A° Ab° *Eb6* *F#°*
Cantar uma sabiá
  Fm7 G7 *Eb*
Cantar o meu sabiá

Gb° *Fm7*
Vou voltar

Bb9   *Gb69 Gb°* *Abm7*
Sei que ainda vou vol - tar

Db79-   *F#m7*
Vou deitar a sombra
     D#m5-
De uma palmeira
  G#79- *C#m5-*
Que já não há

A°   *C#m7*
Colher a flor

F#79- *Bm7*
Que já não dá

G° *Bm7*
E algum amor
  E4 C# *F#m F#m 7M*
Talvez possa espan - tar
 F#m7 Am *C#m*
As noites que eu

D7 *Bbm6*
Não queria
    C4 C7 Abm Ab9 Eb
E anunciar o di - a

Eb° *Em7*
Vou voltar

Bb9   *Ebm Eb°* *Abm7*
Sei que ainda vou - vou voltar

Db79   *Gb7m*
Não vai ser em vão
  Gb7 *Cb7M*
Que fiz tantos planos
  Abm7 Ebm7
De me enganar
  Ebm7 Cb7M
Como fiz enganos
  Abm7 *Ebm*
De me encontrar
  Abm7 *Ebm*
Como fiz estradas
  Abm7 *Ebm7*
De me perder
  Abm7 *Ebm*
Fiz de tudo e nada
  Abm7 *Ebm*
De te esquecer
   Abm7 *Ebm*
De te esquecer.

Sete Marias

Som Rural

Sá e Guarabyra

1.
C Bm7 5-
Am Gm
Bb
C7
F C
C D7
C
C F
F C
C D
C
2.
C F/G
Am F
Bb F
F
C9 F
F C
C D
C
C F
F C
C D
C
Ao 𝄋 sem repetição e ⊕
C
Fim

TOM — DÓ MAIOR
C G7 C

Introdução: C G7 C

       C7   F   F C
Sete Marias tinha a vila dos meninos
       C7   F   C
Sete Marias dentro do sertão
        C79   F   F C
Sete destinos diferentes, sete sinas
       C79   F   C
Sete caminhos para o coração.
      Am
Maria do Rosário, casou foi prá roça
     C   G7   C
Viver da mandioca que tirar do chão,
      Am
Das Dores, mais artista, lá se foi com o circo
        C   G7
Pros braços do palhaço, louca de paixão
    C7
O povo diz que Maria Bonita ainda espera
F   C
A vinda de outro Lampião
     C   Bm7   Am   Gm
Só não se sabe de Maria Aparecida, desaparecida
Bb
Dentro do meu coração.

C7 F C   C D7C
Eh, eh, eh, etc. ô ô ô **(Bis)**

      C7   F   F C
Maria de Lourdes mora no estrangeiro
     C79   F   C
Prá longe foi levada por um alemão,
      G79   F   F C
Das Graças, encantada moça feiticeira,
    C79   F   C
Virou coruja e mora num grotão
     Am
Dentro da igreja Maria da Glória
    C   G7   C
Beata arrependida, reza uma oração,
     Am
Trás dentro dela o filho de um lavrador
        C   G7
Que disse que era anjo da anunciação, anunciação.

C7 F C   C D7C
Eh, eh, eh, etc. ô ô ô

Outra vez

Música e letra de Isolda

F
Dm
Gm
Am
D9-
Gm7
Gm5-
C9-
F
Cm/G
Cm
F7
Bb
Bb6
Bbm
F7M
Gm7
C7
F
C7
F
E7
Am
Gm7
C5+
Do
ao

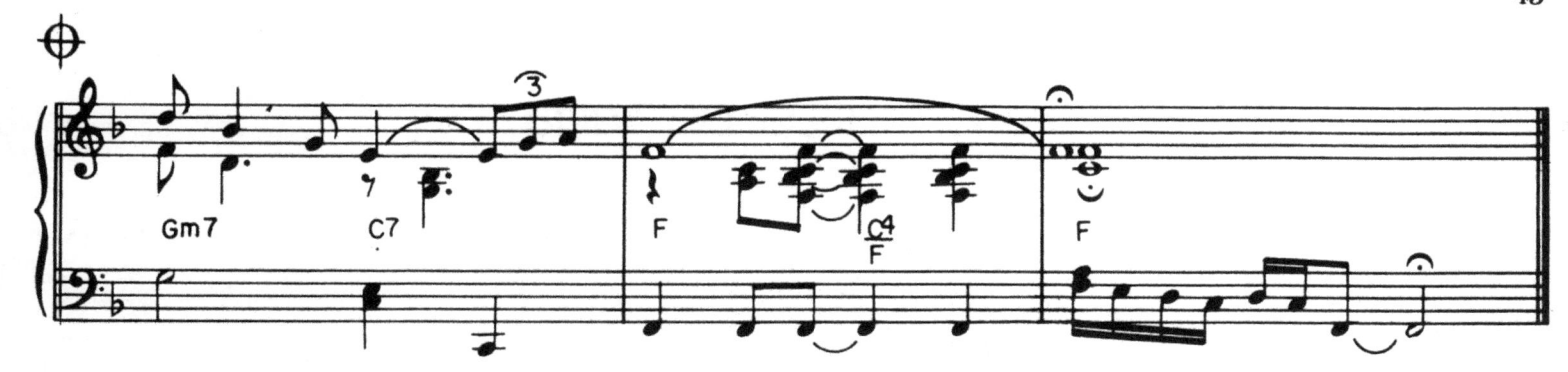

TOM — FÁ MAIOR
F C7 F
Introdução: Gm6   C9   C7

       F
Você foi
              Dm
O maior dos meus casos
          Gm
De todos os abraços
               Am7
O que eu nunca esqueci
     Gm7
Você foi
            Gm5 −
Dos amores que eu tive
C9 −   F
O mais complicado
             F
E o mais simples prá mim.
    Cm
Você foi
           F7
O melhor dos meus erros
          Bb/C
A mais estranha estória
           A7
Que alguém já escreveu
Dm
E é por estas e outras
G7
Que a minha saudade
      Gm   C7
Faz lembrar de tudo outra vez.
    F
Foi você
         Dm
A mentira sincera
          Gm
Brincadeira mais séria
       Am
Que me aconteceu
D9 −   Gm7
Você foi
           Gm5 −
O caso mais antigo
C9 −   F
O amor mais amigo
       F
Que me apareceu
    Cm/G
Das lembranças
Cm   F7
Que eu trago na vida
      Bb
Você é a saudade
   Bb6   Bbm
Que eu gosto de ter

    F7M
Só assim
          Gm7
Sinto você bem perto
  C7   F
De mim outra vez
    C7
Esqueci de tentar de esquecer
  F
Resolvi
          F
Te querer por querer
  E7
Decidi
Te lembrar tantas vezes
    Am
Eu tenha vontade
       Gm7 C5+
Sem nada perder
  F
Você foi
     Dm
Toda felicidade
  F   Gm
Você foi a maldade
        Am
Que só me fez bem
D9 − Gm7
Você foi
           Gm5 −
O melhor dos meus planos
C9 −   F
E o maior dos enganos
     F
Que eu pude fazer
    Cm/G
Das lembranças
Cm   F7
Que eu trago na vida
      Bb
Você é a saudade
   Bb6   Bbm
Que eu gosto de ter
    F7M
Só assim

Sinto você
  Gm7   C7
Bem perto de mim
  F   C4/F F
Outra vez.

Nos Bailes da Vida

Milton Nascimento e Fernando Brant

45

TOM — FÁ MAIOR
F C7 F

Introdução: F Bb F Bb F

F
Foi nos bailes da vida ou num bar em troca de pão
Cm/F   Cm7   Bb
Que muita gente boa pôs o pé na profissão,
Eb7M   Gm
De tocar um instrumento e de cantar
C74   C9   F
Não importando se quem pagou quiz ouvir,
    F
Foi assim.

F   F7M
Cantar é buscar o caminho que vai dar no sol
F7M   Cm   C7
Tenho comigo as lembranças do que eu era.
Eb   Eb7M   Gm   Gm9
Para cantar nada era longe, tudo tão bom,
C74   C7   F4
Té a estrada de terra na boléia de caminhão.
       F   F Bb F F4
Era assim.

F
Com roupa encharcada, a alma repleta de chão,
Cm   Bb
Todo artista tem de ir aonde o povo está,
Gm   C7   C
Se foi assim, assim será,
Gm   C7   C79   F4
Cantando me desfaço e não me canso de viver,
    F   F Bb F Eb
Nem de cantar.   F

Começar de novo

Ivan Lins e Victor Martins

E/F
F7
Bbm7
Db/Eb
Eb9-
Ab
C9-
Fm
C#m9
Dm7
G5+
1.
C7M
F#m5-
B9-/7
2.
Db7M
Gm7
C5+/9-
Fm9/7
Ab/Bb
Bb13
Bbm7
Dbm/Eb
Ab7M
Db7M
Dbm6
Ab7/Eb
C/E
Fm
Rall

TOM — MI MENOR
Em B7 Em

Introdução: Em7 A7 F#m9 B5+ Fm9 B9−

Em7
Começar de novo
G/A   A7
E contar comigo
Am7   Cm/D
Vai valer a pena
G7M   C7M
Ter amanhecido.

Fm5−   B7   B5+
Ter me revelado
Fm79   Bb7
Ter me debatido
Eb7M   Dm4 G5+
Ter me machuca - do
Cm9   Eb   F7
Ter sobrevivido
     Bbm7   Db   Eb9−
Ter virado a mesa
Ab   C9− Fm   C#m9
Ter me conhecido
Dm7   G5+
Ter virado o barco
C7M   F#m5− B79−
Ter me socorri   - do
Em7
Começar de novo
G/A   A7
E contar comigo
Am7   Cm/D
Vai valer a pena
G7M   C7M
Ter amanhecido

F#m5−   B7   G5+
Sem as tuas garras
Fm79   Bb7
Sempre tão seguras
Eb7M   Dm4 G5+
Sem o teu fantas - ma
Cm9   Eb   F7
Sem tua moldura,
     Bbm7   Db/Eb
Sem tuas escoras
Ab   C9− Fm   C#m9
Sem teu domi - nio
Dm7   G5+
Sem tuas esporas
Db7M   Gm7 C5+
Sem o teu fasci - nio

Fm7
Começar de novo
Ab/Bb   Bb/13
E contar comigo
Bbm7   Dbm/Eb
Vai valer a pena
Ab7M   Db7M Dbm6
Já te ter esqueci -   do
Ab7M   C/E   Fm
Começar de novo.

Pega Rapaz

Rita Lee e Roberto de Carvalho

Repetir ad libtum sumindo

TOM — Slb MAIOR
Bb F7 Bb

Introdução: *B Eb*
              F

```
     Bb
       Pega rapaz
F4              Bb
    Meu cabelo à la garçon
F4              Dm7
    Prova o gosto desse ton-sur-ton do
    Db          Cm    Dm7 G7
    Meu baton na tua boca.

       Cm
       Alô doçura
Dm7       G7     Cm  Dm7
    Me puxa pela cintura
G7         Bb/C       C79
    Tem tudo a ver o meu pingüin
         F7      Bb
    Com a tua geladeira.

     Bb
      Nós dois afim
Eb/F           Bb
    De cruzar a fronteira
F4           Bb7    Bb5+      Eb
    Numa cama voadora fazedora de amor
  Ab/Eb Bb7    Ebm6
    De frente, de traz
    Bb               Ab7
    Eu te amo cada vez mais mais.

     Bb
       Pega rapaz
F4              Bb
    Meu cabelo à la garçon
F4              Dm7
    Prova o gosto desse ton-sur-ton do
   Db°          Cm    Dm7 G7
    Do meu baton na tua boca.

       Cm
       Alô doçura
Dm7       G7     Cm  Dm  G7
    Me puxa pela cintura
             Bb         C79
    Tem tudo a ver o teu xaxim
          F7   Eb    Bb  F
    Com a minha trepadei - ra.

     Bb
      Nós dois pra lá
Eb             Bb
    Bem pra lá de nirvana
F4           Bb7    Bb5+      Eb
    Numa cama voadora fazedora de amor
   Bb/D    Db  Cm         Eb
    Pega rapaz, pega rapaz.
```

Encontros e Despedidas

Milton Nascimento e Fernando Brant

E♭m7
Dm7
Dm
Em7
Fm7
Fm9
E♭m7
Dm7
Am7
Dm7
F/G
C7M 11+
F7M
F6
Bm7
E9-
Am
Dm7
F/G 6
C7M 11+
F7M
Dm7
Bm7

TOM — LÁ MENOR
Am E7 Am

Introdução: Am E7 Am

Am Dm7
Mande notícias do lado de lá
F/G C7M F7M Bm7
De quem fica me dê um abraço
  E9-
Venha me apertar,
  Am Am7 Dm7
Tô chegando coisa que gosto
  F/G
É poder partir,
  G7 C7M F7M Bm7
Sem ter plano melhor ainda
  E9- Am
É poder voltar, quando quero
  Dm7
Todos os dias é um vai e vem
  Em7
A vida se repete na estação
  Fm7
Tem gente que chega prá ficar
  Ebm7 Dm7
Tem gente que vai para nunca mais
  Dm
Tem gente que vem e quer voltar

  Em7
Tem gente que vai e quer ficar
  Fm7 Fm9
Tem gente que veio, só olhar
  Ebm7 Dm7
Tem gente a sorrir e a chorar
  Am7
E é assim, chegar e partir,
Dm7 F/G
São só dois lados
  C7M
Da mesma viagem
F7M F6 Bm7
O trem que chega
  E9- Am
É o mesmo trem da partida
  Dm7
A hora do encontro,
  F/G C7M
É também despedida
F7M Dm Bm E9-
A plataforma dessa estação,
  Am C7
É a vida desse meu lugar
  F7M9 E9-
É a vida desse meu lugar
  Am
É a vida

SOLO — iê, iê, iê, iê,
Dm F B C7M F7M Bm7 E4 E9- Am

  Dm
A hora do encontro Etc.

Os pintinhos no terreiro...

Chorinho Sapeca

Zequinha Abreu

57

Andança

Samba Lento

Danilo Caymmi, Edmundo Souto e Tapajós

Am7 5-
D7
Gm7
3
C/D
G6
G6
C/D
G9
G7M
G
A/G
A/G
Gdim
D7
Am7
D7
Bm7
C/D
D7
1.
G6
2.
G 9 7M
Do
ao
G6

TOM — SOL MAIOR
G D7 G

Introdução: Ab Ab7M Cm Ab Ab7M Em5− F#° Gm C G7M
                              D   D

(Homem)

      G7M   Eb
Vim, tanta areia andei
  Eb/Bb   Ab7M
A lua cheia eu sei
    Am75− D7
Uma saudade imen - sa

(Mulher)

     G7M   Eb
Vagando em verso eu vim
             Ab7M
Vestido de cetim
        Am75−D7
Na mão direita ro   - sas
 Gm7   C/D C6
Vou levar.

(Homem)

G   C6   C/D   G9
Olha a lua mansa a se derramar ....Me leva, amor
   G7M G   A/G
Ao luar descansa meu caminhar ....Amor
      A/G   G°   D7
Seu olhar em festa se fez feliz ....Me leva, amor
       Am7   D7   Bm7
Lembrando a seresta que um dia eu fiz .....Por onde fôr, quero ser seu par
G6   Gb   C/D   G9
Já me fiz a guerra por não saber ....Me leva, amor
   G7M G   A/G
Que esta terra encerra meu bem querer ....Amor
      A/G   G°   D7
E jamais termina meu caminhar ....Me leva, amor
      Am7   D7   Bm7
Só o amor me ensina onde vou chegar .....Por onde for, quero ser seu par.

(Homem)

      G7M   Eb
Rodei de roda andei
  Eb/Bb   Ab7M
Dança da moda eu sei
    Am75− 5+ G7M
Cansei de ser sózi - nho

(Mulher)

                Eb
Verso encantado usei
             Ab7M
Meu namorado é rei
       Am75−D7
Nas lendas do caminho
    Gm7 C/D G6
Onde andei.

(Homem)

      G6   C/D   G9
No passo da estrada só faço andar ....Me leva, amor
   G7M G   A/G
Tenho a minha amada a me acompanhar ..Amor
     A/G   G°   D7
Vim de longe léguas cantando eu vim ....Me leva, Amor
    Am7   D7   Bm7
Vou, não faço tréguas, sou mesmo assim ..Por onde fôr, quero ser seu par
G6   G6   C/D   C9
Já me fiz a guerra por não saber ....Me leva, amor
   G7M G   A/G
Que esta terra encerra meu bem querer ....Amor
     A/G   G°   D7
E jamais termina meu caminhar ....Me leva, amor
    Am7   D7   Bm7 G6
Só o amor me ensina onde vou chegar .....Por onde for, quero ser seu par

(Mulher) Contracanto

No Tabuleiro da Baiana

Samba-Jongo

Ary Barroso

E7
A7
D
D
D
G/A
A7
D7M
rall.
Lento
Bm7
G#dim
F#m
D#dim
G7M
Em7
a tempo
A7
D
Db6/9
C6/9
F#m5-
B9
Em
C11
F#m7
Bm7
Em
G/A
1.
D
D
A7
rall.
2.
D7M
A7

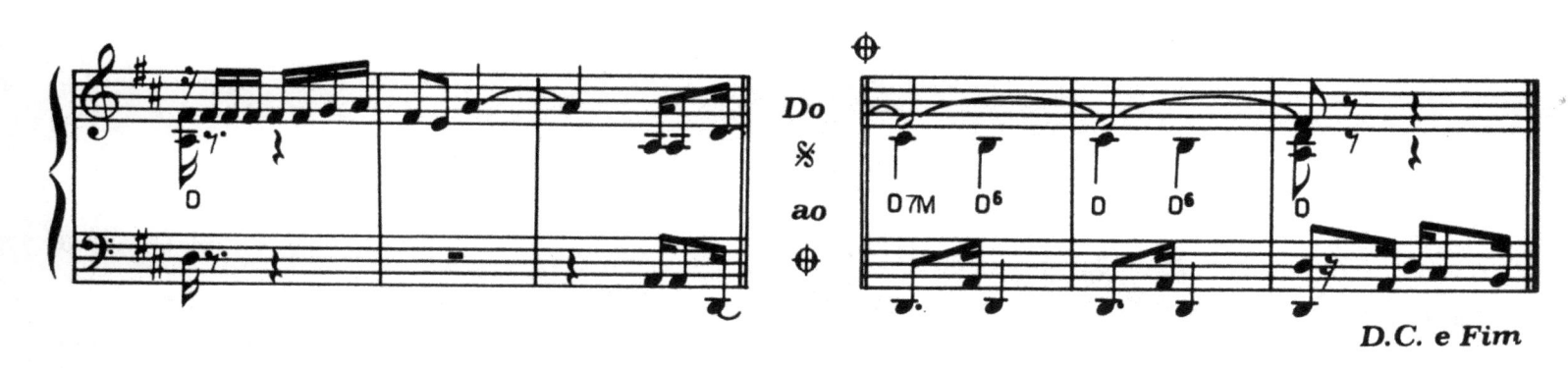

TOM — RÉ MAIOR
D A7 D

Introdução: A7 D Em7 A7 D7 A7

       D
Ele - No tabuleiro da baiana tem

     A13   D
Ela - Vatapá, oi!

       Carurú, oi!

       Munguzá, oi!
          G
         A
       Tem umbú, oi!

             D7M D6 D D6
       Prá Ioiô

     D7M   F#m7   F#m5+
Ele - E se eu pedir você me dá
     F#m6   F#m7
      O seu coração
     E7   A7
      Seu amor de Iaiá

     D
Ela - No coração da baiana tem

Ela - Sedução,

       Cangerê,

       Ilusão,
          G
         A
       Candomblé

          D7M
Ela - Prá você

     Bm7   G#dm
Ele - Juro por Deus
     F#m   D#dm
      Pro meu Sinhô do Bonfim
     G7M   Em7
      Quero você
        A7
      Baianinha

      Inteirinha
        D
      Prá mim

     F#m5-   B9
Ela - Sim, mas depois
     Em   C11
      O que será de nós dois,
        F#m7
      Seu amor
     Bm7 Em
      É fugaz
        G
        A D
      Enganador

     Bm7   G#dm
Ele - Tudo já fiz
     F#m   D#dm
      Fui até num cangerê
     G7M   Em7
      Prá ser feliz
       A7   D
      Meus trapinhos juntar com você

     F#m5-   B7
Ela - Vou me passar
     Em
      Vai ser mais uma ilusão
        F#m7
      No amor

                      G
     Bm7   Em   A D
      Quem governa é o coração

D.C. e Fim

ZINHA

Polca Op. 8

Pattapio Silva

A
E7
A
Dm
A
E7
1.
A
2.
A
ao 𝄋
e ⊕
TRIO
D A7 D
G
E7
Am D7
G D7
G
D7
D7 D9-
G D7
G
F♯7
Bm
C C♯°
G/D
D7
1.
G
2.
G
ao 𝄋
e FIM

Luar de Paquetá

Marcha-Rancho

Freire Junior, Hermes Fones e João de Barro

© Copyright 1943 by Editorial Mangione S/A - Sucessora de E. S. Mangione
Contrato firmado de acordo com os autores Porfirio Martins e S. S. Mangione - São Paulo - Rio de Janeiro - Brasil.

67

G7 C F/A G7 C Am7
Dm7 G7 Dm7 G7 D♯o
Em7 Dm7 C7M A7 D7 Dm7
G7 C7M F7 C7M Am7 Dm
G7 Dm7 E7 Am Am/G F7M

TOM - DÓ MENOR

Cm   G7   Cm

Introdução: *Cm   Cm   Ab7   G9−   Cm   G7   Cm*
                                    Bb

                  Cm
Nessas noites dolorosas
      Dm5−   G7   *Cm*
Quando o mar desfeito em rosas
          Cm
   Cm   *Bb   A°   D7*
Se desfolha, a lua cheia
Fm
Ab   *G7*   *Dm5−*
Lembra a ilha um ninho oculto
     G7   *Dm5−*
Onde o amor celebra em culto
     G7   *Dm5− G7*
Todo encanto que a rodeia
Cm   *Fm6   G7   Cm*
Nos canteiros ondulantes
   Dm7−   G7   Gm
As nereidas incessantes
    C7   *E°   Fm*
Abrem lírios ao luar
    G7   *Cm*
Paquetá é um céu profundo
   Cm
   Bb   *D7*
Que começa neste mundo
   G7   *C F*
               A G7 C
Mas não sabe onde acabar

     Am7   *Dm7   G7*
Jardim de afetos
Dm7   *G7*   *D#°   Em7   Dm7*
Pombal de amores
C7M *A7*   *D7*
Humildes tetos
Dm   *G7*   *C7M F7*
De pescadores
C7M   *Am7 Dm   G7*
Se a lua brilha
                  Am
Dm   *E7*   *Am G*
Que bem nos faz
F7M *F7*   *Em   Am*
Amar na ilha
Dm7   *G7   C   G13   C*
De Paquetá

Tristeza Danada

Valsa

Letra e Música de Majó

D/F♯
F°
Em7
B7
Em
B7
Em7
A7
D
A7
D
A9
D
D
G
D/F♯
F°
Em7
B7
Em7
A9
F♯m
B7
Em7
A7
D
A7

D
D/F♯
F°
Em7
A7
A9
D
A7
D
G/A
A/G
Dm7
A7
Gm7
A7
Dm
Gm
Em5-
A7
Dm
Dm/C
Gm/B♭
Dm/F
Em5-

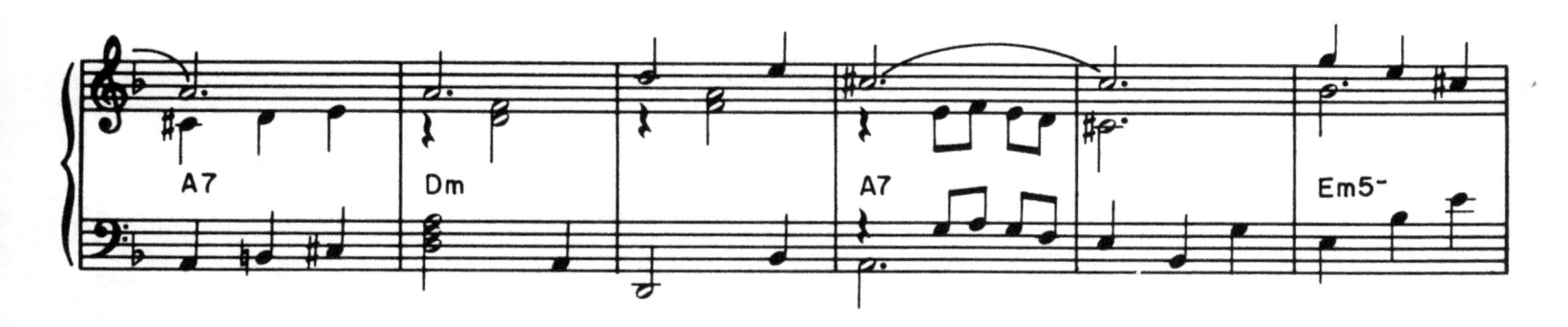

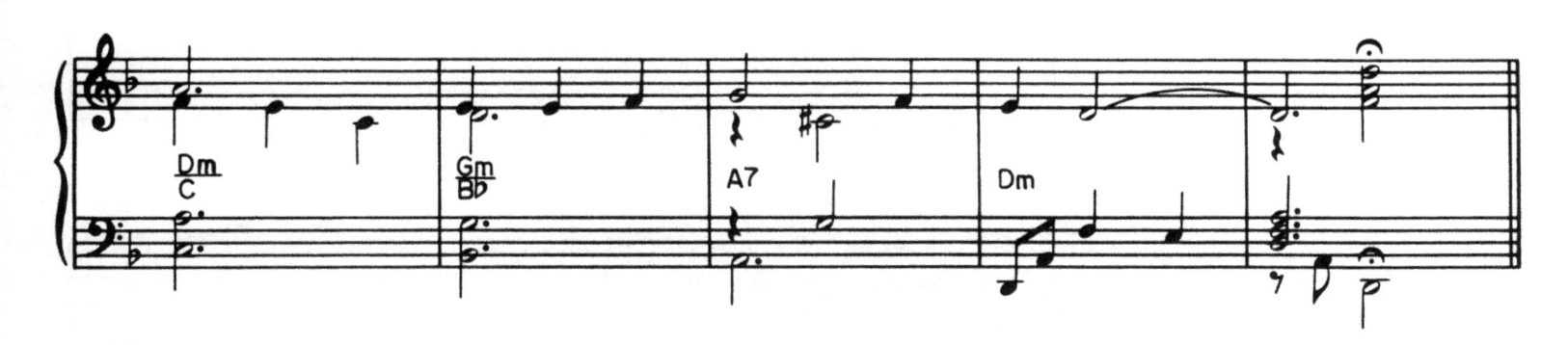

TOM — RÉ MENOR
Dm A7 Dm

Introdução: **Dm D7 Gm Gm9 Dm Bb7 Em5– A7 Dm A7**

   D69   **G/A**   **D**
Eu ontem vi seu retrato
                D/F#
Eu não me contive
            F°   **Em7** **B7**
Logo comecei a chorar
 Em   **B7**   **Em7**
Ai!, Ai! que tristeza danada
             A7
Que saudade imensa
                 D
Essa sua ausencia me dá
A7 **D**   **A7**   **D**
Peguei o meu telefone
          D/F#
Não tive coragem
      F°   **Em7**
De telefonar para você
B7 **Em7** **A9** **F#m** **B7**
Jurei por Deus te esquecer
Em7   **A7**   **D**
Mas querer não é possível.

A7   **D**
O sono vai correndo
        D/F#
Meu nervo abalado
   F°   **Em**
Minha casa não me cabia
A7   **A9**   **D**
Meu coração sofrendo
A7   **D** **G/A A/G**
Minha saudade crescia

Dm   **A7**
Vem me aquecer
Gm7 **A7** **Dm**
Eu te darei o céu
Gm   **Em5–A7 Dm**   **Dm/C**
É impossível viver sem você
       Gm/Bb **Dm/F** **Em5–A7**
Eu te amo, eu te amo, eu te amo,
Dm   **A7**
Vem prá ficar
Em5– **A5+**   **Dm**
Eu te darei o infinito
 Bb7M **Gm7**
O amor é tudo
             Dm
E não deve morrer
Gm/Bb **A7** **Dm**
Vem prá ficar comigo

Dm   **A7**
Vem me aquecer, etc.

Desafinado

Bossa-Nova

Antonio Carlos Jobim e Newton Mendonça

© Copyright 1959 by EDITORA MUSICAL ARAPUÃ - Av. Ipiranga, 1123 - São Paulo.
For Europe - Internacional Melodies - All rights reserved.

75

TOM - MIb MAIOR
Eb Bb7 Eb

Introdução: Eb7M F11+ Fb7 Eb11+ Bbl3

B13 Eb   F11+
Se você disser que eu desafino, amor
   Fm7   Bb4   Gm5 –   C9 –
Saiba que isto em mim provoca imensa dor
   Fm7   G7   C7M   C9 –
Só previlegiados têm ouvido igual ao seu
Eb   F9   F7M
Eu possuo apenas o que "DEUS" me deu
Eb   F11+
Se você insiste em classificar
Fm7   Bb7   Gm5 –
O meu comportamento de anti musical
Fm7   G5 +   Cm9   D7 +
Eu, mesmo mentindo, posso argumentar
Bm7   Bb9
Que isto é "Bossa Nova"
   Am5 –   D7
Que isto é muito natural
  G7M   G#°   Am7   D13
O que você não sabe nem siquer pressente
   G7M   Gm7   Cm7   F7
É que os desafinados também têm coração
  Bb7M   B°   Cm9   F13
Fotografei você na minha "Rolley Flex"
   Fm   Fm7   C#°   F7
Revelou-se a sua enorme ingratidão
Eb   F11+
Só não poderá falar assim do meu amor
Fm7   Bb4   Bbm7   C7
Ele é o maior que você pode encontrar, viu!
   Em   Abm6   Eb7M   FA7
Você, com sua música, esqueceu o principal
    Fm7   Abm6
É que no peito dos desafinados
         Ebm   Ab7M
No fundo do peito bate calado
        Cm7   F11+   Bb7
É que no peito dos desafinados
     Eb   Am6   Eb
Também bate um coração.

Maria, Maria

Milton Nascimento e Fernando Brant

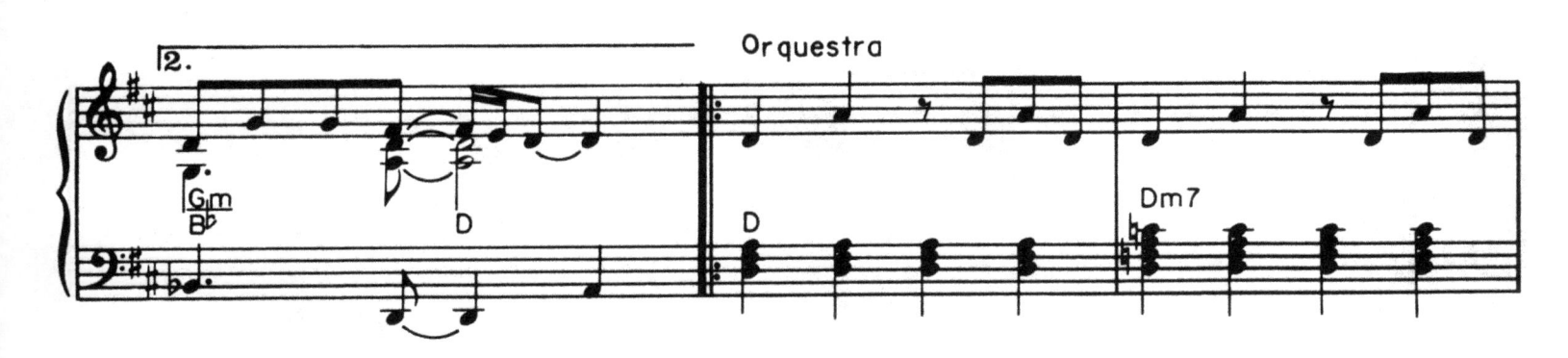

© Copyright 1978 by TRÊS PONTAS EDIÇÕES MUSICAIS LTDA.
SBK SONGS DO BRASIL EDIÇÕES MUSICAIS LTDA. - Rio de Janeiro - Brasil
Todos os direitos autorais reservados - All rights reserved

TOM — RÉ MAIOR
D A7 D

Introdução: D Dm7 G Gm7 D

    D
Maria, Maria,
      Dm   Dm7   G
É um dom, uma certa magia
      Gm   D   C#m7 F#7
Uma força que nos aler - ta
Bm   G   C
Uma mulher que merece viver e amar
      G   Gm   D
Como outra qualquer do planeta.

    D
Maria, Maria
      Dm   Dm7   G
É o som, é a côr, é o suor
      Gm   D   C#m7 F#7
É uma dose mais forte, len - ta
Bm   G   C
De uma gente que ri quando deve chorar
     G   Gm   D
E não vive, apenas agüenta.

D7M   Dm7
Mas é preciso ter força
            G
É preciso ter raça
    Gm   D   A°
É preciso ter gana sempre
Bm   C
Quem traz no corpo uma marca, Maria, Maria,
   Gm   D
Mistura a dor e alegria.

D7M   Dm7
Mas é preciso ter manha
           G
É preciso ter graça
    Gm   Bbm6
É preciso ter sonho sempre
Bm
Quem traz na pele essa marca
      C   G   Gm   D
Possue a estranha mania de ter fé na vida.

Chega de Saudade

Samba

Letra de Vinicius de Moraes
Música de Antonio Carlos Jobim

© Copyright 1958 by EDITORA MUSICAL ARAPUÃ - Av. Ipiranga, 1123 - São Paulo.
Todos os direitos autorais reservados - All rights reserved.

81

Em
Bm7
E7
Gm
B♭
A7
D7
B 7
E7
9
G 7M
C♯m6
F♯7
Bm7
D7
G7M
Gm7
F♯m7
B7
Bm7
E
G 9 7M
F♯ 5+
B7
E7
Em9
G
A
D
D7M
A9-
ao 𝄋

TOM - RÉ MENOR
Dm   A7   Dm

Introdução: *Bb7M   Gm7   Em5-   A7   E7   Eb   A7   Dm   A11+*

```
Dm          E7
Vai minha tristeza
      Gm  A7      Dm            G/A
E diz a ela que sem ela não póde ser
Dm      E7    Am   Am9         Bb
Diz-lhe, numa prece,    que ela regresse
Bb13         A4           A9-
Porque eu não posso mais sofrer
Dm           Bm7 E7  Bb  Gm
Chega de saudade, a realida—de
A7       D7
É que sem ela não há paz
       Gm  A7    Dm
Não há beleza, é só tristeza
           Dm         E9-
E a melancolía que não sai de mim,
   Bb         A7
Não sai de mim,    não sai
D   B7      Em        Em7
Mas  se ela voltar se ela voltar
           Gm  A7       F°  A7
Que coisa linda   que coisa lou- ca
    D         F#°       Em
Pois há menos peixinhos a nadar no mar
          Bm7          E7       Gm  A7
Do que os beijinhos que eu darei na sua bo - ca
D7M    B7      E7    G7M   C#m4 C#m6
Dentro dos meus braços os abra - ços
F#7       Bm          D7
Hão de de ser milhões de abraços
   G7M        Gm7          F#m7
Apertado assim, colado assim, calado assim,
  B7       Bm7      G7M         F#5+
Abraços e beijinhos e carinhos sem ter fim
           B7          E7
Que é prá acabar com esse negócio
  Em9  G     D    D7M A9-
De viver longe de mim
          B7       E7    Em9  G    D  D7m A9-
Não quero mais este negócio de você viver assim
          B7      E7    Em7 G       D  D7M A9-
Vamos deixar deste negócio de você viver sem mim
          B7      E7    Em7 G       D  D7m A9-
Não quero mais este negócio de viver longe de mim
```

Sentado à beira do Caminho

Roberto Carlos e Erasmo Carlos

G Em Em7 Am7 D7 Am7
D7 G Dm7 G C D7 G
Dm7 G7 C D7 G E7
Orquestra
Voz
Am Am7 D7 G D7 G
Am7 D7 Am7 D7
G C D D7 G Am7

Orquestra
D7
Am
D7
G
Do 𝄋 ao ⊕
G
Voz
D7
G
Am
D7
Am
C/D
G
Am 7
D7
G
Am
D7
Am
Am7
D7
G
Do 𝄋 ao ✱
✱ Orquestra
Voz lá lá lá... ou boca fechada
G
D7
G
Rep.ad libitum
D
Am7
D7
Am
D7
G
C7M/D

TOM SOL MAIOR
G D7 G

Introdução: *G D7 G*

```
            G                       Am
       Eu não posso mais ficar assim a esperar
                                         C
D7           Am              D7       G  D D7
       Que um dia de repente você volte para mim
            G                              Am
       Vejo caminhões e carros apressados a passar por mim
                                                       C
D7          Am                  D7              G      D
       Estou sentado à beira do caminho que não tem mais fim
            G                        Am
       Meu olhar se perde na poeira dessa estrada triste
                                                         C
D7          Am        Am7      D7        G               D
       Onde a tristeza e a saudade de você ainda existe
            G                        Em7           Am7·
       Este sol que queima no meu rosto um resto de esperança
D7          Am7                  D7
       De ao menos ver de perto o seu olhar
                    G      Dm7  G7  C
       Que eu trago na lembrança
C              D7        G     Dm7  G7  C
       Preciso acabar logo com isso
                    D7       G     E7     Am
       Preciso lembrar que eu existo, eu existo, eu existo
```

(Solo dois compassos)

```
            G                              Am7
       Vem a chuva e molha o seu rosto e então eu choro tanto
D7          Am7                D7
       Minhas lágrimas e os pingos dessa chuva
                              C
D7          G                 D
       Se confundem com meu pranto
            G                             Am7
       Olho para mim mesmo e procuro e não encontro nada
D7                              D7               G
       Sou um pobre resto de esperança à beira dessa estrada
```

(Solo dois compassos)

```
D7          G                                           Am
       Carros, caminhões, poeira, estrada, tudo se confunde em minha mente
D7          Am                       C              G   Am
       Minha sombra me acompanha e vê que estou morrendo lentamente
D7          G                              D7       Am7
       Só você não vê que eu não posso mais ficar aqui sozinho
            Am       Am7       D7                       G
       Esperando a vida inteira por você sentado à beira do caminho
            G
       Lá, lá, lá etc. (Boca fechada)
```

Ovelha Negra

Rita Lee

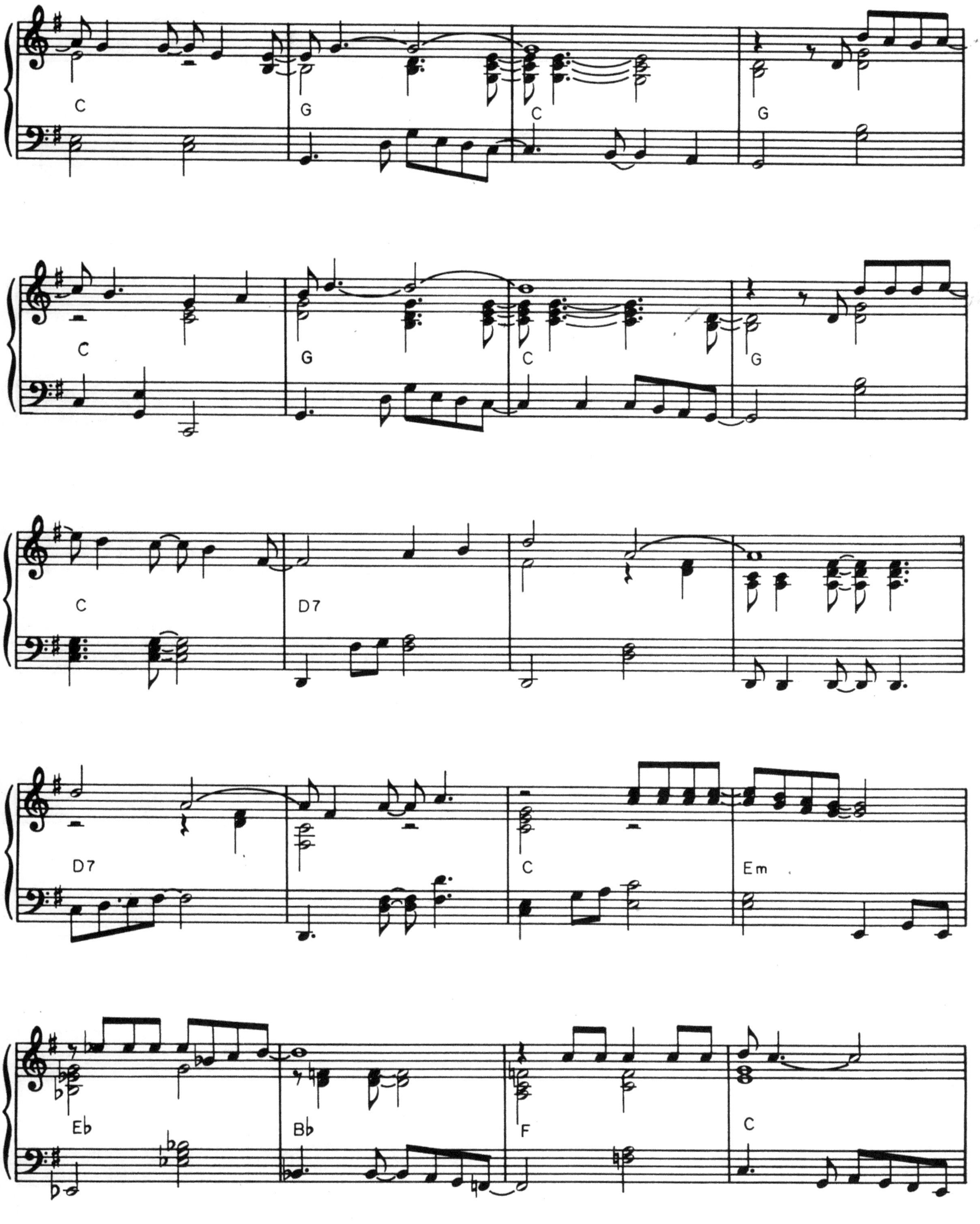
C
G
C
G
C
G
C
G
C
D7
D7
C
Em
E♭
B♭
F
C

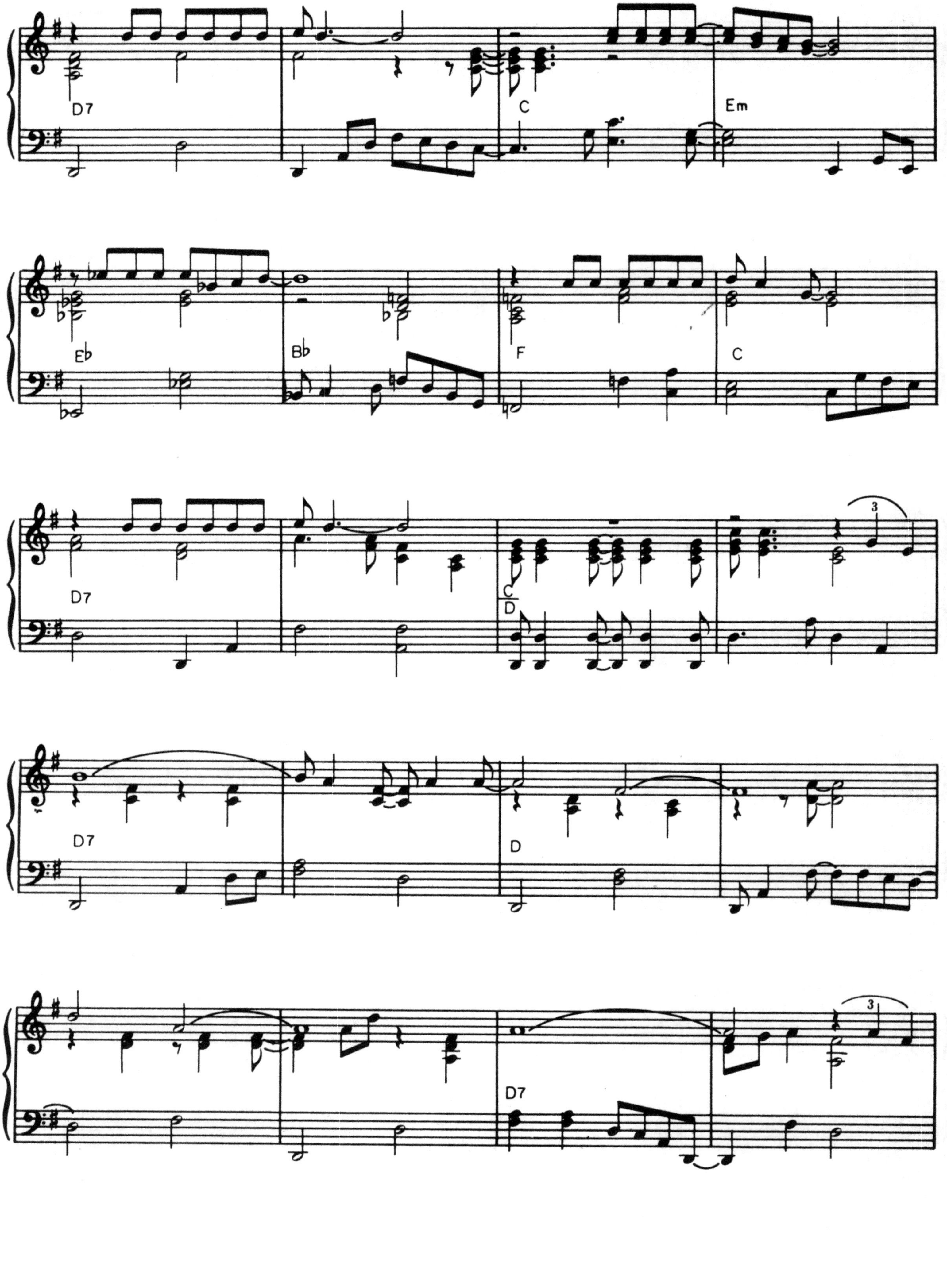
D7
C
Em
E♭
B♭
F
C
D7
C/D
D7
D
D7

TOM - SOL MAIOR
G D7 G

Introdução: *G C G C G*

G   C   G   C
Levava uma vida sossegada
G   C   G   C
Gostava de sombra e água fresca
G   C   D7
Meu Deus, quanto tempo eu passei

Sem saber
C   C
Foi quando meu pai me disse
G   C
Filha
G   C   G
Você é a ovelha negra da família
*   C   D7*
Agora é hora de você assumir
*   C*
E sumir
*   Em*
Baby, Baby
Eb   Bb   F
Não adianta chamar
*   C*
Quando alguém está perdido
D7   C
Procurando se encontrar
*   Em*
Baby, Baby,
Eb   Bb
Não vale a pena esperar, oh! não
F   C
Tire isso da cabeça
*D7   C D7   C   *
Ponha o resto no lugar   *D D7 etc*

Minha Palhoça
(Se você quizesse)

Samba

Letra e Música
J. Cascata

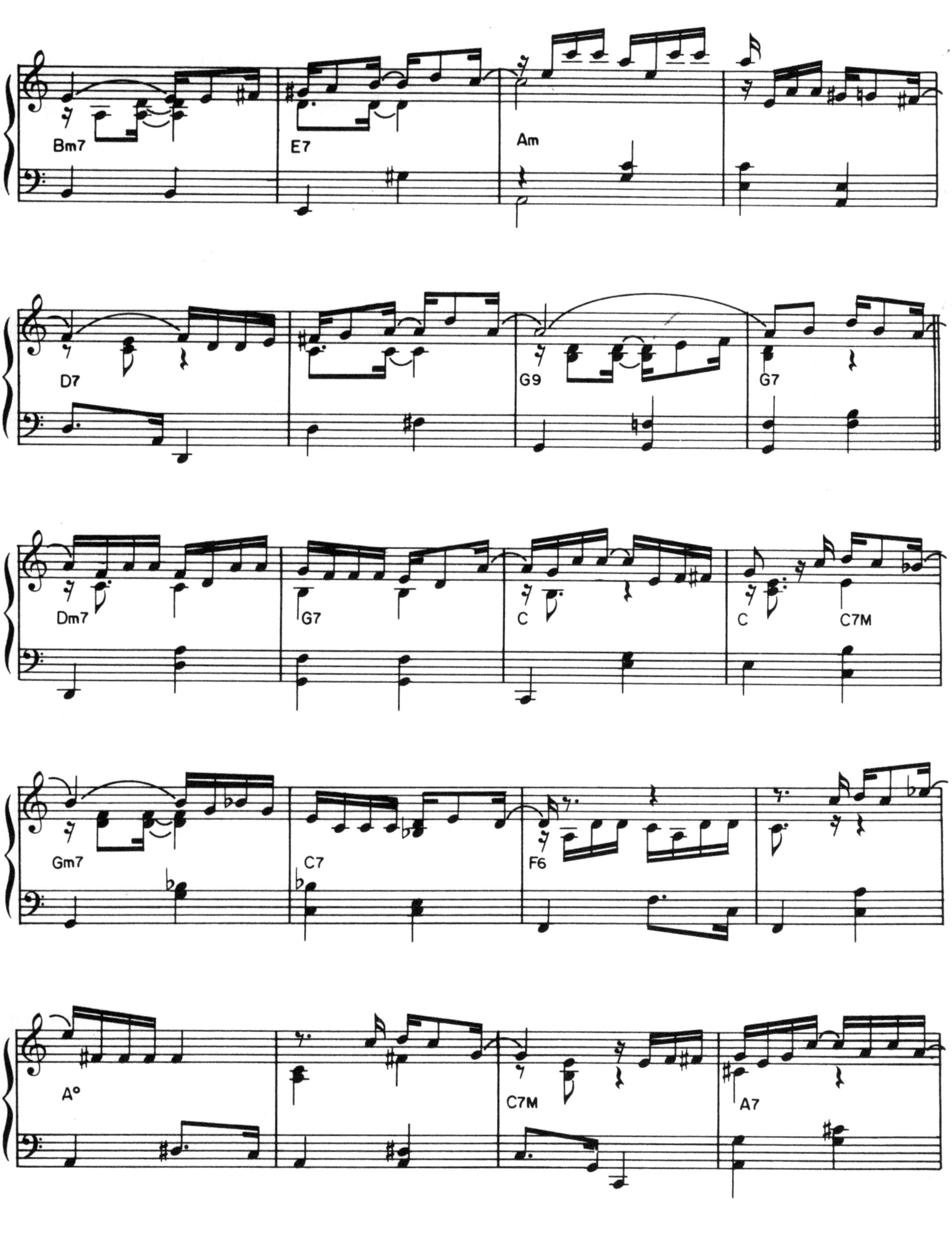
Bm7
E7
Am
D7
G9
G7
Dm7
G7
C
C
C7M
Gm7
C7
F6
A°
C7M
A7

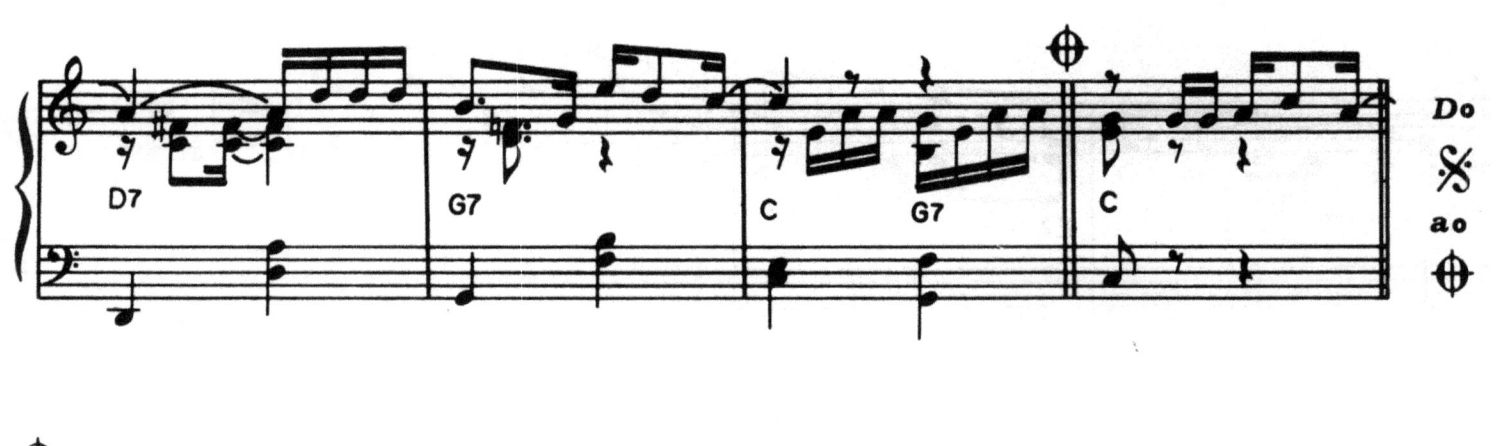

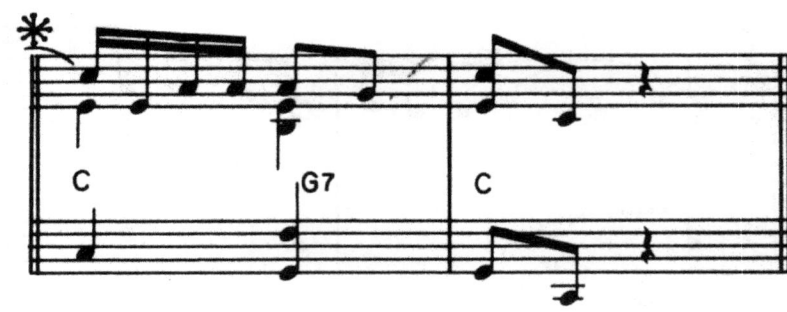

TOM — DÓ MAIOR
C G7 C

Introdução: A° F#° A° C A7 D7 G7 C G7 C7M

I

       C7M
Se você quizesse
 Dm   G7   C
Morar na minha palhoça
   G7   C7
Lá tem troça e se faz bossa
 Am7 Dm A7 Dm
Fica lá na roça
  A7   Dm
Perto de um riachão
 Dm7 Bm7   E7
A noite tem um violão
  Am
Uma roseira

Cobre a banda da varanda
              D7
E ao romper da madrugada

Vem a passarada
          G9
Abençoar nossa união

      G7   Dm7
Tem um cavalo
             G7
Que eu comprei a prestação
          G7   C
Que não estranha a pista
            C
Tem jornal, lá tem revista
C7M   Gm7
Uma kodak
    C7   F6
Para tirar nossas fotografias

Vai ter retrato todo o dia
         A°
Um papagaio

Que eu mandei...
     C7M
Vir do Pará
        A7   D7
Um aparelho de rádio batata
      G7   C
E um violão que desacata.

              G7   C
(Meu Deus do céu que bom seria)

Se você... etc.

II

      G7   Dm7
Tem um pomar

Que é pequenino
           G7
Uma beleza, uma gracinha
          C
Criação, lá tem galinha
C7M   Gm
Um rouxinol
     C7   F6
Que nos acorda ao amanhecer

Isto é verdade, podes crer
     A°
A patativa

Quanto canta...
     C7M
Faz chorar
      A7   D7
Há uma fonte na encosta do monte
 G7   C
A cantar, chuá, chuá...

(Meu Deus do céu, que bom seria)

Se você... etc.

Morena Boca de Ouro

Samba

Ary Barroso

1.
2.
Am5-
D7
D9-
G7M
Bb7
G7M
Eb 9 11+
Ab7M
A♮dim
Eb7+ / Bb
Eb7M
C9-
Fm7
Fm7 / Bb
Bb7
Db9
C7
Fm7
Fm / Eb
Bb7
Gm7
Fm7
Eb7M
Am5-
D7 / A
G7M
Eb 9- 11+
Ab7M
A♮dim
Gm7
C7

TOM - Mib MAIOR
Eb   Bb7   Eb

Introdução: Ab7M   Adm   Eb7M   C7   Fm7   Bb7   Eb

      Cm9   Fm7 Dm5- G7 Cm9
Morena, boca de ouro que me faz sofrer
  C13 F7 Bb7
O teu jeitinho é que me mata
   Bb7
Fm7 D
Roda, morena, cai não cai
   Bb7M
Eb G Eb7M
Ginga morena, vai não vai
Am5-
Samba morena
   D9- G7M Bb7
D7
E me desacata
  Eb Cm9 Fm7 Dm5- G7 Cm9
Morena, uma brasa viva pronta prá queimar
  C13 F7
Queimando a gente com clemência
   Bb7
Fm D
Roda morena cai não cai
   Eb7M
Eb G Eb
Ginga morena, vai não vai
Am5-
Samba morena
   D9- G7M Eb$^{9-}_{11}$
D7
Com malevolência

Ab7M A♮dm EB7M C9
Meu coração é um pandeiro
      Fm7
Fm7 Bb Bb7 Db9 C7
Marcando compasso de um samba feiticeiro
   Fm
Fm7 Eb Bb7
Samba que mexe com a gente
Gm7 Fm7 Eb7M
Samba que zomba da gente
    D7 $^{9-}$
Am5- A G7M Eb$_{11+}$
O amor é um samba tão diferente

Ab7M A♮dm Gm7 C7
Morena, samba no terreiro
 Fm7 Bb7 Db9 C7
Pisando sestrosa, vaidosa, meu coração
 Ab Ab7M
 C C Abm6
Morena, tem pena
   Eb6
Eb 9 Gb7 Fm7
De mais um sofredor que se queimou
  Bb7 Eb Bb13
Na brasa viva do teu amor

Quero que vá tudo para o inferno

Letra e Música de
Roberto Carlos e Erasmo Carlos

© Copyright 1965 by IRMÃOS VITALE S/A. Ind. e Com. - São Paulo - Rio de Janeiro - Brasil
Todos os direitos autorais reservados para todos os países - All Rights Reserved

B7
A
A7M
B7
E
A7M
F#m7
B 9 7
1.
Em7
F#m 5-
B9-
2.
Em7
Em7
Bm7/E
E
Bm7/E
E7
Bm7/E
E
A7M
Bm7/E
A7M
B/A
E/G#
C#m7
F#m7
B7
E7M

TOM — MI MENOR
Em B7 Em
Introdução: *C Em7 Bm7 C7M*

    Em7   *F#m5 −*   *A/D B7*
De que vale o ceu azul e o sol sempre a brilhar
    Em   *Em7*   *C7*   *B7*
Se você não vem e eu estou a lhe esperar
Bm7   *E7 Bm7*   *E7*
Só tenho você no meu pensamento
Bm7   *A*   *A7M*   *B7*
E a sua ausência é todo o meu tormento
A   *A7M*   *B7*   *E*   *A7M*
Quero que você me aqueça nêsse inverno
F#m7   *B7/9*   *Em*
E que tudo mais vá pró inferno

Em7   *F#m5*   *A/B B7*
De que vale a minha boa vida de play boy
Em   *Em7*   *C7*   *B7*
Entro no meu carro e a solidão me doi
Bm7   *E7 Bm7*   *E7*
Onde quer que eu ande tudo é tão triste
Bm7   *E7*   *A*   *A7M* *B7*
Não me interessa o que de mais existe
A   *A7M* *B7*   *E*   *A7M*
Quero que você me aqueça nêsse inverno
F#m7   *B7/9*   *Em7*
E que tudo o mais vá pró inferno

Bm7/E   *E*
Não suporto mais
Bm7/E   *E*
Você longe de mim
Bm7/E   *E*
Quero até morrer
   A7M   *Bm7/E*
Do que viver assim
A7M   *B/A*
Só quero que você
     E/G   *C#m7*
Me aqueça nêsse inverno
F#m7   *B7*
E que tudo o mais
        E
Vá pró inferno

Bis {
C#m   *C#7*
Oh! Oh! Oh!
F#m   *B7*
E que tudo o mais
     E
Vá pró inferno

Eu te amo

Tom Jobim e Chico Buarque

A9-
F7M
E7
E♭
D7
D♭
C
B7M
G5+
C7M
Am7
C/D
Em9
A7
Dm7
Dm4
Dm/C
F7
E4
E5+
F7M
E7
E♭7M
D7
D♭7M
C7
B7M
G5+
1.
C7M
Am7
D 11+
Em9
A7
Dm7

TOM — DÓ MAIOR
C G7 C

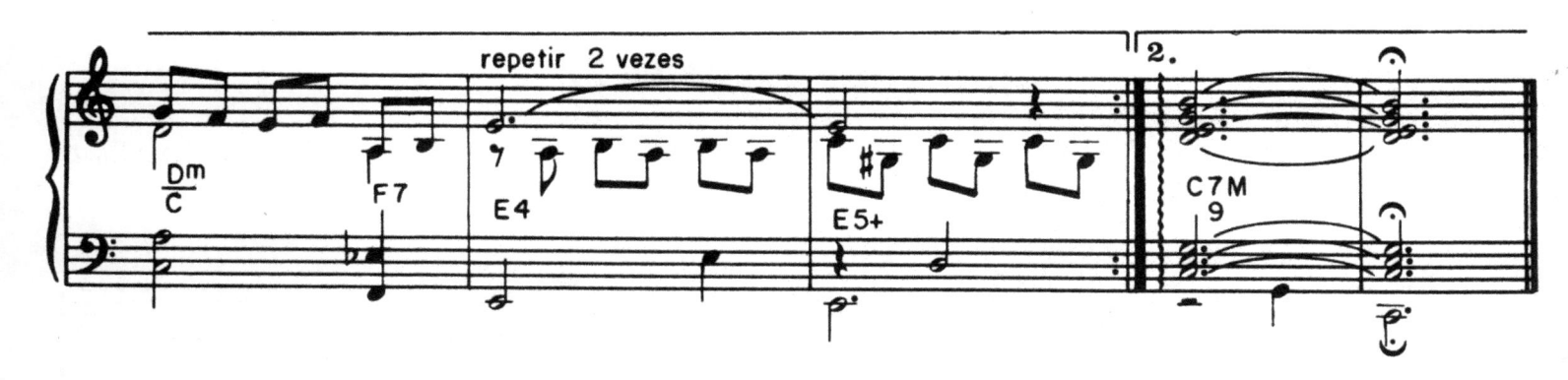

Introdução: F/G G7 Eb7M F/G F7M G7

```
     C7M         B7              Bb67M9
Ah! Se já perdemos a noção da hora,
              A7          Ab7M9
Se juntos já jogamos tudo fora,
            G5+7            Gb7M   F7
Me conta agora como hei de partir,
E7M  G7         C7M            Am
Ah! Se ao te conhecer dei para sonhar
              F#m7
Fiz tantos desvarios
              B7
Rompi com o mundo
              Em7M
Queimei meus navios
              Em7            A9-
Me diz pra onde é que inda posso ir
    F7M          E7            Eb
Se nós, nas travessuras das noites eternas
         D7              Db
Já confundimos tanto as nossas pernas,
              C          B7M   G5+
Diz com que pernas eu devo seguir,
C7M   Am7                  C/D
Se entornaste a nossa sorte pelo chão,
          Em9         A7   Dm7
Se na bagunça do teu coração
     Dm9      Dm/C       F7   E4  E5+
Meu sangue errou de veia e se perdeu,
F7M           E7            Bb7M
Como, se na desordem do armário embutido
         D7            Db7M
Meu paletó enlaça o teu vestido
              C7        B7M  G5+
E o meu sapato inda pisa no teu.
C7M       Am7              D11+
Como, se nos amamos feito dois pagãos,
          Em9         A7    Dm7
Teus seios ainda estão nas minhas mãos,
     Dm7          F7    E4  E5+
Me explica com que cara eu vou sair.
F7M           E7          Eb7M
Não, acho que estás te fazendo de tonta,
         D7              Db
Te dei meus olhos para tomares conta,
     C7            B7M  G5+   C7M9
Agora conta como hei de partir.
                     C7M9
```
Para terminar: partir... partir...

Coração Aprendiz

Sueli Costa e Abel Silva

A
Gm9
C7
F7 M
Bb7M
Bm5-
E11+
E7
G/A
A
A7
Gm7
C7
F7 M
Bb7 M
Bm5-
E11+
A7 4
G/A
A7
Dm
A/C#
Am/C
B11+
Bb7 M
E11+
A7
Dm
E7
Em5-
A7
Ao
e
Dm/F
D7/A
Ao
A
e
D74
D7

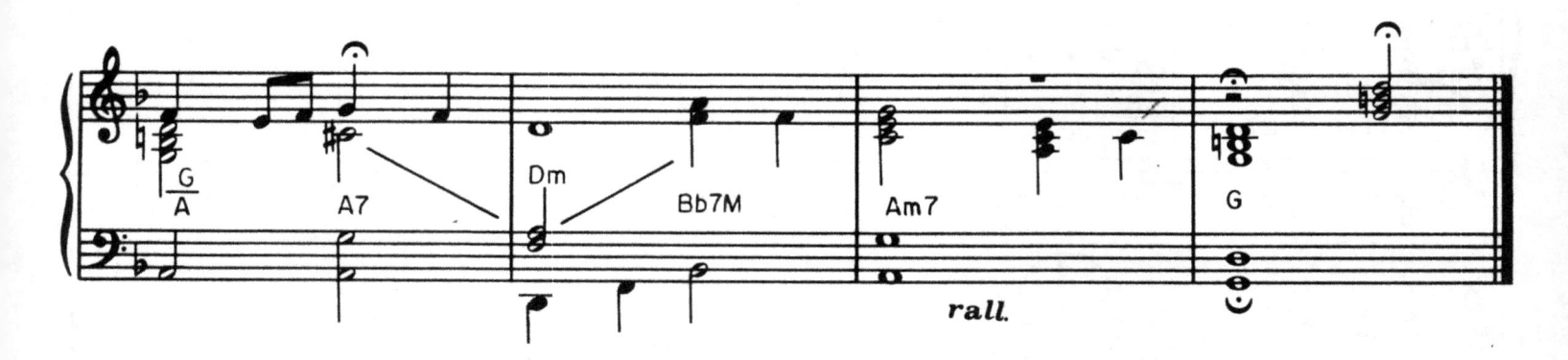

TOM — RÉ MENOR
Dm A7 Dm

Introdução: *Dm G Bb G Bb C A4 A A7*

   Dm   *A/C#*
Uma criança insegura
    Am/C   *B11+*
Segura a barra do mundo
Bb7M   *E7*   *G/A A7*
Uma criança aprendendo a ser
Dm   *A/C#*
O meu olhar sob o teu
   Am/C   *B7*
E este imprudente suspiro
Bb7M   *E7*
Um passarinho inocente
       G/A A7
Antes do tiro.

   Gm9 C7
Amar é não é
F7M   *Bb*
Cada noite, cada dia
Bm5–   *E11+*
Quero aprender suavemente
G/A   *A A7*
Tua real melodia
  Gm7   *C7*   *F7M*
E quero te dar a esperança
     Bb7M
Renovada a cada estação
Bm5–   *E11+*
São tão potentes as fibras
   A47   *G/A A7*
De um amante coração.

  Dm   *A/c#*
Não me afaste de ti
Am   *B11+*
Tu já não vives sem mim
Bb7M   *E11+*
Eu acho que amar
  A7   *Dm*
É viver assim.

Para terminar:

  A7   *Dm Am7 G*
É viver assim.

Luz do Sol

Balada

Caetano Veloso

Em5-
A7
Dm7
Dm
Gm7
C7
C13
F
B♭/C
F7M
Bm5-
E/B
Am
Am7
Am7
Dm7
G7
B♭m6
Gm5-
F
F7M
Cm7
F7
B♭m6
Bb7M
Am7
Am/D
D7

TOM — FÁ MAIOR
F C7 F

Introdução: Bb Bbm6 F C4 C9I3

```
     F      F7M  Cm7    Eb/F  Bb7M    Bbm6
Luz do Sol     que a folha traga e traduz
    Am       D9      Db
em verde novo, em folha em graça,
       Gb7M            F7M  Bb/C
em vida, em força, em luz.
     F     F7M  Cm     Eb/F  Bb7M    Bbm6
Céu azul     que vem até onde os pés
    Am        D7
Tocam a terra
        Db         Gb7M       F7M
E a terra inspira e exala seus azuis.


   Bb7M             Bbm6
Reza, reza o rio, córrego pro rio
        F         Cm7 F7
O rio pro mar
Bb7M
Reza a correnteza
Bbm6                F    F7M
Roça beira doura a areia
Em5—
Marcha o homem sobre o chão,
  A7
Leva no coração,
Dm7         Dm
Uma ferida acesa
  Gm7           C7
Dono do sim e do não,
         C7     F      Bb     F 7M
Diante da ilusão   da infinita beleza.
Bm5—            E/B
Finda por ferir com a mão,
             Am      Am7
Essa delicadeza, a coisa mais querida,
   Dm7   G7  Bbm6  Gm5—
A Glória   da vi___da
    F     F7M Cm    Eb/F  Bb7M    Bbm6
Luz do Sol    que a folha traga e traduz
       Am      D9      Db
Em verde novo, em folha, em graça
       Gb7M            F7M
Em vida, em força e luz.
```

Vai Passar

Sambão

Francis Hime e Chico Buarque

F7
E♭7
A7
Am7
D7
9
Dm7
G7
Cm7
Cm
Em5-
A7
Dm7
F7
B♭
B♭7M
Dm7
B♭7M
B♭6
Fm6
A♭
G7
Cm
G7
Cm7
E♭m6
B♭7M
G7
C7

112

TOM — SOL MAIOR
G D7 G

Introdução: G9 G6 G7M G6
                     9

  G7M
Vai passar
          Bm7 Bb° Am
Nesta avenida um samba popular
E 5+ Am7 **E7** **Am**
Cada paralelepipedo

Da velha cidade
   D7
Esta noite vai
   G7M E9 – A7 D913
Se arrepiar
G7M **G7**
Ao lembrar
  G7   **C** **G#m5-**
Que aqui passaram sambas imortais
  Bb° **Bm7** **E9 –**
Que aqui sangraram pelos nossos pés
       A7 **D7**
Que aqui sambaram nossos ancestrais.

  Gm
Num tempo,
     Cm7 F7
Página infeliz da nossa história
      Eb7
Passagem desbotada na memória
A7   **Am7 D7**
Das nossas novas gerações
 Dm7
Dormia,
G7   **Cm7**
A nossa pátria mãe tão distraida
     Em5 –
Sem perceber que era subtraida
A7   **Dm7**
Em tenebrosas transações

 F7 **Bb**
Seus filhos,
Bb7M   **Dm**
Erravam cegos pelo continente
  Bb6 **Fm6**
Levavam pedras feito penitente
 G7   **Cm**
Erguendo estranhas catedrais.

G7 **Cm7** **Ebm6**
Um dia, afinal,
     Bb7M **G7**
Tinham direito a uma alegria fugaz
      C7
Uma ofegante epidemia
Cm7 **F7** **Bb**
Que se chamava carnaval
  D7   **G**
O carnaval, o carnaval,
  G **Bm7**
Vai passar,
      Bm7
Palmas para a ala dos barões famintos
G   **F7M**
O bloco dos napoleões retintos
E7   **Am**
E os pigmeus do bulevar
E7 **Am** **Cm6**
Meu Deus, vem olhar,
     G **E7**
Vem ver de perto uma cidade cantar
    A7
A criação da liberdade
Am7 **D7** **G4 G7**
Até o dia clarear.

G7   **Cm** **Am5 –**
Ai, que vida boa, olerê,
    Gm
Ai, que vida boa, olará,
  Am5 – **D7** **G7**
O estandarte do sanatorio geral

Vai passar...

   Cm **Am5 –**
Ai, que vida boa, olerê,
   D7 G9 **Em7**
Ai, que vida boa, olará,
BIS **A7** **D7** **G**
O estandarte do sanatório geral
  D7
Vai passar...

De Volta pro Aconchego

Dominguinhos e Nando Cordel

Am7
Dm
G
C
A5+
Dm/F
Dm7
G7
Em
Em7
A9-
Dm/F
Dm7
E9-
Am7
A5+
Dm/F
Dm7
G
G7
C/E
C7
F/C
A7
D13
D13-
Dm7
G9-
Em7
A9-
Am/D
D9
F/G
G/F
Em
F7M
A♭/B♭

TOM — DÓ MAIOR
C G7 C

Introdução: G13

```
         C           Dm7      Em7     G4
       Estou de volta pro meu aconchego
         C                A7      Dm
       Trazendo na mala bastante saudade
 A5+    Dm
       Querendo
              Dm7        A7       Dm7
       Um sorriso sincero, um abraço,
              A7        Dm7
       Para aliviar meu cansaço
         G4       G/F      Em7
       E toda essa minha vontade.


     G7       C
       Que bom,
                 Dm    Em7    G4
       Poder tá contigo de novo,
     G7      C                  C7      F7M
       Roçando o teu corpo e beijando você,
 A5+    Dm    Dm7    G7   F   C/E
       Prá mim tu és a estrela mais linda
                 Am7            Dm
       Seus olhos me prendem, fascinam,
                    G       C
       A paz que eu gosto de ter.
```

```
         Dm              G7
       É duro, ficar sem você
              Em       Em7
       Vez em quando
 A5+    Dm/F      Dm7       E7       Am7
       Parece que falta um pedaço de mim
 A5+    Dm/F            G      G7  C
       Me alegro na hora de regressar
                 C7              F
       Parece que eu vou mergulhar
              A7       D7
       Na felicidade sem fim.
```

Solo: Em7 A9-Am7 D9 F Em7 F7M Ab
                                G   Bb

G A9- D Bb7 C Ab Ab G
A   F   F   Eb   F

Anos Dourados

Bolero

Tom Jobim
e
Chico Buarque

D7M Bm7 Em7 A7 D7M Bm7 Em9 A13
D7M Bm7 Em7 A7 Am7 D13 D9-/Eb
G7M C#m5- F#9- Bm7 Gm/Bb D/A
G/A F#5+ B9- Em7 Em5- Cm7 F9- 13
Solo
Orquestra
Bb7M Gm7 Cm7 F9- Bb7M Gm7 Cm7 F9
Bb7M Gm7 Cm7 F9- Ab/Bb G/A A 9 13
Voz
ao 𝄋
e ⊕

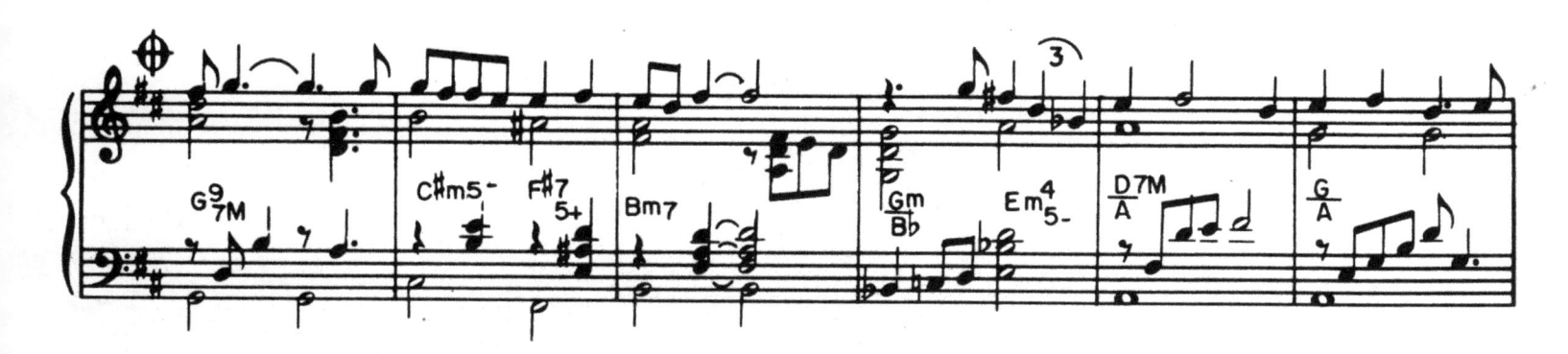

TOM — RÉ MAIOR
D A7 D

Introdução: D7M Em7 AI3 D7M Em7 AI3

                D7M Bm7 Em7 A7   D7M Bm7 Em9
Parece que dizer | te amo | Maria

AI3   D7M Bm7   A7 Am
Na fotografia | estamos felizes

AI3   D9- G7M   Em11
Te ligo afobada

    G#m   G#m9-   F#m7M F#m7
E deixo confissões no gravador

G#m7 C#7   F#m7 D#m5-
Vai ser engraçado

      D7   C#9- C7 B7 E9 A9
Se tens um novo amor

              D7M Bm7   Em7
Me vejo ao teu lado, | te amo

         D7M Bm7 Em9 A13
Não lembro

         D7M   Bm7
Parece Dezembro

      Em7   Am   D913
De um ano dourado

    D9-   G7M
Parece bolero

    C#m5- F#9- Bm7 Gm/B6
Te quero,   te quero

         D/A
Dizer que não quero

    G/A   F#5+
Teus beijos nunca mais

    Em7 Em5- Cm7 F7913
Teus beijos nunca mais

(Solo no tom de Bb)
Bb7M Gm7 Cm7 F9- Bb7M Gm7
Cm7 F9 Bb7M Gm7 Cm7 F9- Ab G A9I3
                                Bb A

        D7M Bm7   Em7
Não sei se ainda   te esqueço

A7   D7M Bm7 Em9 A13
De fato

           D7M Bm7
No nosso retrato

    Em7 A7   Am7
Pareço   tão linda

D913 D9-   G7M Em11
Te ligo ofegante

   G#m7   C#7
E digo confusões

    F#m7M F#m7 G#m7
No gravador

   C#7   F#m7 D#m5-
É desconcertante

   D9 C#7 C7 B7
Rever o grande amor

A7   D7M   Bm7
Meus olhos molhados

  Em7 A7   D7M Bm7 Em9
Insanos   Dezembros

A13   D7M   Bm7
Mas quando me lembro

   Em7   Am7
São anos dourados

D9 D9-   G7M   C#m5-
13 Ainda te quero, bolero

    F#75+   Bm7
Nossos versos são banais,

Gm Em5-   D7M
Bb Mas como eu espero

   G/A   F#75+
Teus beijos nunca mais

   E7 G/A Gm7 C79
Teus beijos nunca mais.

F7M9 Bb7M G7M Eb D7M
                 A   A   9

Bilhete

Samba-Canção

Ivan Lins e Victor Martins

TOM — SI Menor
Bm F#7 Bm

Introdução: *D A7 D*

      D7M9
Quebrei o prato
        C#m5−
Tranquei o meu quarto
F#5+ **Bm9**
Bebi teu licor
A
B
    G/A
Já arrumei a sala
    A/G
Já fiz tua mala
    F#m9
Pus no corredor
C
D **D9** **G7M**
Eu limpei minha vida
  G69 **G#°**
Te tirei do meu corpo
    D9/A
Te tirei das entranhas
Gm9
Bb   **Em7**
Fiz um tipo de aborto
Dm9 **Dm911** **C#m5− F#5+**
E por fim nosso caso acabou,
  Bm9
Está morto.

   C/D **D9** **G5+7M**
Joga a cópia da chave
G7M/13   **G#°**
Por debaixo da porta
       D9/A
Que é para não ter motivos
Gm9/Bb **Em9**
De pensar numa volta.
Dm9 **Dm911** **C#m5−**
Fica junto com os seus,
  F#5+
Boa sorte,
 Bm9
Adeus.

G/A   **D7M9**
Quebrei o seu prato, etc.

Para terminar:
G/A   **D7M**
Boa sorte, adeus,
G/A **F#5+** **B7M**
Boa sorte, adeus.

Coração Apaixonado

Fernando Adour e Ricardo Magno

(D.C. ao 𝄋 morrendo para terminar)

TOM — LA MAIOR
A E7 A

Introdução: E7 A B7 E7

   A
Coração apaixonado
      C#m7   **F#m7**   **Bm** **F#5+**
Só escuta a própria voz   e ninguém mais
Bm   **E4 E7**
Tem o cheiro do pecado
   Bm7   **E4**   **A**
E a magía de querer amar demais
E13 A
Sempre, sempre apaixonado
    A7   **D**
Do olhar que mais de mil promessas faz
   Dm
Não pergunta nem responde
  A   **Bm7**
Simplesmente satisfaz sonhar
D   **E7**   **A**
Que existe amor cada vez mais.
  A
Coração apaixonado

      C#m7   **F#m7**   **Bm** **F#5+**
Só diz coisas que parecem tão banais
Bm   **E4 E7**
Sempre certo, mesmo errado
 Bm7   **E4**   **A**
É fogo que não morrerá jamais
E7 A
Sempre, sempre apaixonado
    A7   **D**
Do olhar que mais de mil promessas faz
   Dm
Não pergunta nem responde
 A   **Bm7**
Simplesmente satisfaz sonhar
D/E   **E7**   **A**
Que existe amor cada vez mais
   E7
Eternamente se envolver
   A
No infinito ir buscar
   E7   **A**
Toda ternura que espera encontrar
   E7   **A**
E para sempre então provar
  A
O doce vinho da paixão
   B7   **E7**
Que embriaga e alimenta o coração.

Samba de Verão

Marcos Valle
e
Paulo Sergio Valle

© Copyright 1963 by MARCOS VALLE, SÉRGIO VALLE - Rio de Janeiro - Brasil
Todos os direitos autorais reservados - All rights reserved

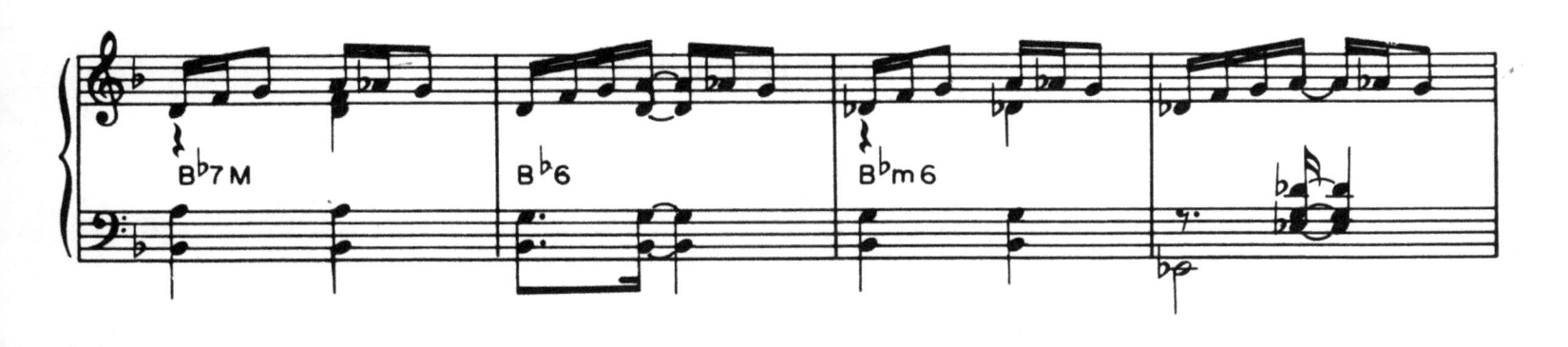

TOM — FÁ MAIOR
F C7 F

Introdução: F6⁹ Gm7 GbII+ F6⁹ Gm7

F
Você viu só que amor
F7M
Nunca vi coisa assim
Bm7
E passou, nem parou,
E7
Mas olhou só prá mim
Bb7M
Se voltar, vou atrás,
Bb6
Vou pedir, vou falar,
Bbm6
Vou contar que o amor
Eb7
Foi feitinho prá dar
Am7 D9−   Gm7 Em5−
Olha,   é como o verão
A5+   Dm9 G13
Quente é o coração
      Gm9
Salta de repente para
    Db9   C9
Ver a menina que vem

F7M
Ela vem, sempre tem
F
Esse mar no olhar
Bbm5−
E vai ver, tem que ser
E7
Nunca tem quem amar
Bb7M
Hoje sim, diz que sim
Bb6
Já cansei de esperar
Bbm6
Nem parei, nem dormi
Bbm6
Só pensando em me dar
Am7 D7 D5+   Gm7
Peço   mas você não vem
C9−
Bem,
F7M
Deixo então, falo só
Bb9   F69   F6 Eb9
Digo ao céu, mas você vem.

Zíngara

Bolero

Olegário Mariano e Joubert de Carvalho

TOM — SOL MENOR

Gm D7 Gm
Introdução: *Am5- D7 Gm7 Am5- D7 Gm D7 Gm*

Gm   Cm Gm Eb7M
Vem, oh cigana bonita

Am7 D7   Gm Eb7M
Ler   o meu destino

Am7 D7   Gm Am7 D13
Que   mistérios tem

G7M C/D   D9 G7M
Tu,   com os olhos, acaso,

C9   G   Em7 Am7 Bm7 E9
De quem vê o amor da gente

Am9 E9-   Am7
Põe   nas minhas mãos

*   D7 G   Em7 Am7 D7*
O teu ollhar ardente

G7M C/D   D7 G7M
E   procura desvendar

* Dm7 C7M Cm6 G Em*
No meu segredo   a dor,

*   Am7 D7   G Cm7*
Cigana   do meu amor

Gm   Cm
Mas, nunca digas,

*   Gm   EbM*
Oh! Zíngara

Am7 D7   Gm
Que   ilusão me espera

Am7 D7   Gm Eb7M Am7 D13
Qual   o meu futuro

G7M C/D D7 G7M
Só   àquela por quem

C9   G   Em7 Am7 Bm7 E9
Vou vivendo assim à tôa

Am7 E9-   Am7
Tu   dirás se a sorte

*   D7 G   Em7 Am D7*
Será má ou boa

G7M C/D D7 G   Dm7 G13
Para   que ela venha consolar-me,

*   C7M C Em*
Um dia, a dor.

* Am7 D7   G*
Cigana, do meu amor.

Para terminar:

G Cm D9- Gm7 Eb7M Am5-

D9- G6/9 C6/9 G6/9

Eu sei que vou te amar

Samba-Canção

Letra de Vinícius de Moraes

Música de Antonio Carlos Jobim

© Copyright 1960 by EDITORA MUSICAL ARAPUÃ - LTDA.
Todos os direitos autorais reservados - All rights reserved

TOM — FÁ MAIOR
F C7 F

Introdução: F Bb C7
              C

F7M *Fº*
Eu sei que vou te amar
              Gm   *C9-*
Por toda a minha vida eu vou te amar
              F7   *F5+*
Em cada despedida eu vou te amar
              Bb7M
Desesperadamente, eu sei que vou te amar
Bbm Am7 Abº Gm C7
E cada verso meu será
       Eb7 D9- Gm
Prá te dizer que sei que vou te amar
C9- 5+
Por toda a minha vida

              F7m   *Dm7*
Eu sei sei que vou chorar
                    Gm7
A cada ausência tua eu vou chorar
Gm7
C   *Cm7*   *F7*
Mas cada volta tua há de apagar
                        Bb7M   *Eb7*
O que essa ausência tua me causou
              Am7   *Abº*
Eu sei que vou sofrer
                    Am5-
A eterna desventura de viver
D7   *G7*
A espera de viver ao lado teu
Gm7   *C7*   *F7M Bb7 C13*
Por toda a minha vi   da
                       Ebm6 F
Para acabar: vi - da
              A7M
Eu sei que vou te amar

Se eu quiser falar com Deus

Gilberto Gil

TOM — DÓ MAIOR
C G7 C

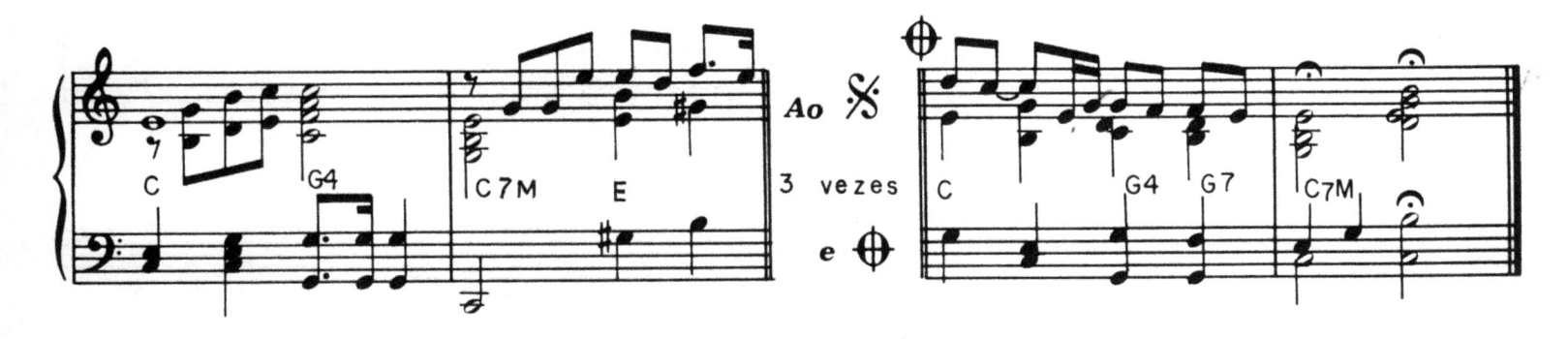

Introdução: *C Ab C Fm7 Db79 C7M*

I

     E7   *Am7*
Se eu quizer falar com Deus
Dm9   *G13*   *C*   *F7M*
Tenho que ficar a sós
C69   *G7*   *C*   *Am9*
Tenho que apagar a luz
F7M   *G13*   *C* *F*
Tenho que calar a voz
C7M   *E7*   *Am*
Tenho que encontrar a paz
Dm7   *G7*   *C*
Tenho que folgar os nós
     F   *E9-*
Dos sapatos, da gravata,
    Am7   *Bb*
Dos desejos, dos receios,
    E7   *Am7*
Tenho que esquecer a data
   F9   *C*
Tenho que perder a conta

Tenho que ter mãos vazias
  Fm   *C*
Ter a alma e o corpo nús.

II

C7M   *E7*   *Am7*
Se eu quizer falar com Deus
Dm9   *G13*   *C*   *F7M*
Tenho que aceitar a dor
C69   *G7*   *C*   *Am9*
Tenho que comer o pão
F7M *G13*   *C* *F*
Que o diabo amassou
C7M   *E7*   *Am*
Tenho que virar um cão
Dm7   *G7*   *C*
Tenho que lamber o chão.
     F   *E9-*   *Am7*
Dos palácios, dos castelos suntuosos
    Bb
Do meu sonho
    E7   *Am7*
Tenho que me ver tristonho
   F9   *C*
Tenho que me achar medonho
  Fm   *C*
E apesar do meu tamanho
   G4 *G7* *C*
Alegrar meu coração.

III

C7M   *E7*   *Am7* *Dm9*
Se eu quizer falar com Deus,
     G13   *C*   *F7M*
Tenho que me aventurar
C69   *G7*   *C*   *Am9*
Tenho que subir aos céus
F7M *G13*   *C* *F*
Sem cordas prá segurar
C7M   *E7*   *Am*
Tenho que dizer adeus
Dm7   *G7*   *C*
Dar as costas caminhar.
     F   *E9-*
Decidido pela estrada
    Am7   *Bb*
Que ao findar vai dar em nada
   E7   *Am*
Nada, nada, nada, nada,
   F9   *C*
Nada, nada, nada, nada,
  Fm   *C*
Nada, nada, nada, nada,
    G4   *G7*   *C*
Do que eu pensava encontrar.

Charlie Brown

Samba

Benito de Paula

TOM — SOL MAIOR

G   D7   G
Introdução: *G7M   C7M   G7M   C7M*

G7M   F#dm   Em $\frac{G4}{D}$ $\frac{G7}{D}$
Eh,   meu amigo Charlie
C7M $\frac{D}{C}$ *G7M* $\frac{C}{G}$
Eh,   meu amigo Charlie Brown, Charlie Brown
G7M   F#dm   Em $\frac{G4}{D}$ $\frac{67}{D}$
Eh,   meu amigo Charlie
C7M $\frac{D}{C}$ $\frac{6}{G9}$
Eh,   meu amigo Charlie Brown

　　　　Dm7   G7   C7M
Se você quizer   vou lhe mostrar
$\frac{6}{C9}$ *D7* $\frac{6}{G9}$
A nossa S.Paulo terra da garoa
　　　　Dm7   G7   C
Se você quizer   vou lhe mostrar
　　　　　D7 $\frac{6}{G9}$
Baía de Caetano nossa gente boa
　　　　Dm7   G7   C
Se você quizer   vou lhe mostrar
　　　　　D7 $\frac{6}{G9}$
A lebre mais bonita do Imperial
　　　　Dm7   G7   C7M
Se você quizer   vou lhe mostrar
$\frac{6}{C9}$ *D7* $\frac{6}{G9}$
Meu Rio de Janeiro e o nosso carnaval
　　$\frac{D}{C}$
Charlie   (Eh, meu...)

　　　　Dm7   G7   C7M
Se você quizer   vou lhe mostrar
$\frac{6}{C9}$ *D7* $\frac{6}{G9}$
Vinicius de Moraes e o som de Jorge Ben
　　　　Dm7   G7   C
Se você quizer   vou lhe mostrar
　　　　　D7 $\frac{6}{G9}$
Torcida do Flamengo coisa igual não tem
　　　　Dm7   G7   C
Se você quizer   vou lhe mostrar
　　　D7 $\frac{6}{G9}$
Luiz Gonzaga rei do baião
　　　　Dm7   G7   C
Se você quizer   vou lhe mostrar
　　　　　D7 $\frac{6}{G9}$
Brasil de ponta a ponta do meu coração

Corcovado

Bossa Nova

Antonio Carlos Jobim

LENTO

TOM — DÓ MAIOR
C G7 C

Introdução: E7 A9- G7 C7M

D7
Um cantinho, um violão
G#
Este amor, uma canção
Gm7   **C9**   **F7 F69**
Pra fazer feliz a quem se a—ma
Fm7
Muita calma pra pensar
Bb9   **A7**
E ter tempo pra sonhar
Am7   **D7**   **Fm**
Da janela vê-se o Corcovado
            Am7
O Redentor que lindo
D7
Quero a vida sempre assim
G#   **Gm7**
Com você perto de mim até
C7   **F7**   **F**
O apagar da velha cha—ma
F7M Fm9   **Bb7 G13**
E eu que era tris—te
       Em7   E7   **Am7**
Descren—te deste mundo
       Dm7   **G7 A9**
Ao encontrar você
          E7   A7   **Dm7**
Eu conheci o que é   9
       G7   **C C7M C7M**
Felicidade, meu amor.

Lua e Estrela

Baião

Vinicius Cantuária

TOM — DÓ MAIOR
C G7 C

Introdução: C7M C611+ C A7M9 G D C7M D C A7M9 A7M C
                                A A   C

    Fm6   *C*
Menina do anel de lua e estrela
Fm   *C*
Raios de sol no céu da cidade
Gm/C   *A7*
Brilho da lua ô ô ô ô noite é bem tarde
Dm   *G7/B*
Penso em você, fico com saudade
Fm6   *C*   *Am7*
Manhã chegando, luzes morrendo
Fm   *C*   *Am7*
Nesse espêlho que é nossa cidade
Bb/C   *A7*
Quem é você, ô ô ô ô qual o seu nome
Dm7   *G7/B*
Conta pra mim, diz como eu te encontro

    Fm6   *C*   *Am7*
Mas deixa ao destino, deixa ao acaso
    Fm6   *C*   *Am7*
Quem sabe eu te encontro de noite no Baixo
Gm/C *C7*   *A7*
Brilho da lua ô ô ô ô noite é bem tarde
Dm7   *G7/B*   *C*
Penso em você, fico com saudade.

Ai, quem me dera

Canção

Toquinho e Vinícios de Moraes

F#7
Am C
B7 9-
Em
Em D
F#7 C
C11+
B7
F#o
B7
Fo
E7
Am
D7
G7M
C7M
F#9+ 5+
B7
E4
Bm5-
E7
Am7
D7
G7M
G6
C7M
F#9+ 5+
B7
F#m5-
B7
Em
Orquestra
Am

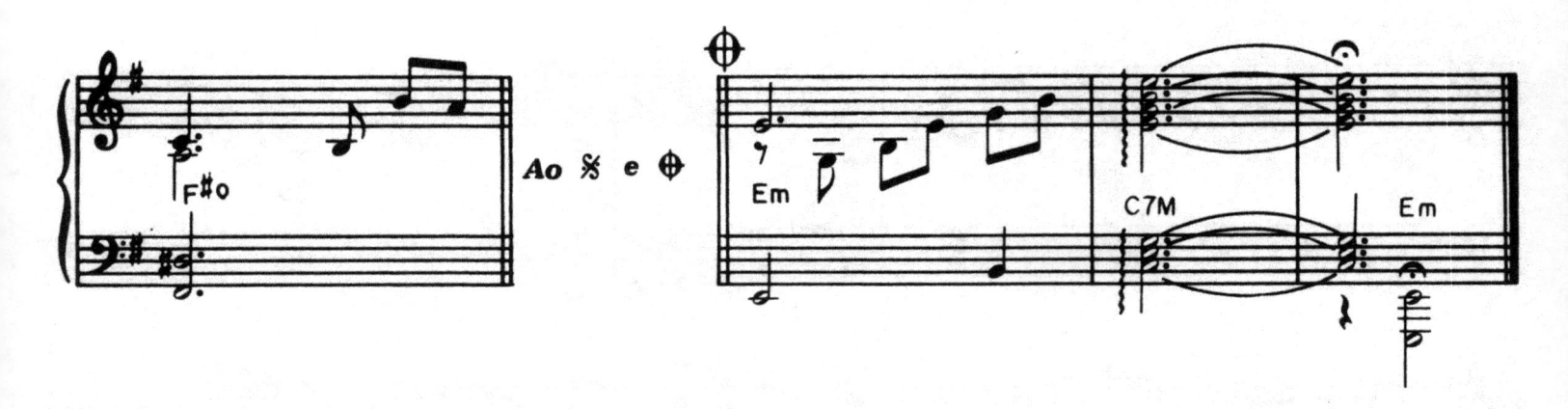

TOM — MI-MENOR
Em B7 Em

Introdução: **Em Am Em F#5+7 B79-**

           Em   **Em/D**
Ai quem me dera terminasse a espera
          C11+   **Am/C**
Retornasse o canto simples e sem fim
       F#m5-   **B7**
E ouvindo o canto chorasse tanto
              Em/G   **Em**
Que no mundo o pranto se estancasse enfim
           Em   **Em/D**
Ai quem me dera ver morrer a féra
     Bm
Ver nascer o anjo, ver brotar a flor
         C#m5-   **F#7**
Ai quem me dera uma manhã feliz
         Am/C   **B79**
Ai quem me dera uma estação de amor.

          Em   **Em/D**
Ah se as pessoas se tornassem boas
       F#7   **C11+**   **B7**
E cantassem loas e tivessem paz
     F#°   **B7**
E pelas ruas se abraçassem nuas
     F#°   **E7**
E duas a duas sem ser casais
       Am   **D7**
Ai quem me dera o som de madrigais
   G7M   **C7M**
Ver todo mundo parecido enfim
    F#5+79+   **B7**
E a liberdade nunca ser demais
      E4 **Bm5-** **E7**
E não mais haverá solidão ruim.

       Am7   **D7**
Ai quem me dera ouvir um nunca mais
   G7M   **G6**   **C7M**
Disser que a vida vai ser sempre assim
    F#5+9+   **B7**
E fim da espera ouvir na primavera
   F#m5- B7 **Em**
Ninguém chamar por mim...

Samba do Carioca

Carlos Lira e Vinicius de Moraes

Ad. libitum
Com Pedal

© Copyright 1974 by CARLOS LYRA - Rio de Janeiro - Brasil
© Copyright 1974 by TONGA EDITORA MUSICAL LTDA. - São Paulo - Brasil
Todos os direitos autorais reservados - All rights reserved

E7
B
Gm6
B♭
Bm4
E7
Am7
Am6
F
A
B7
A tempo
Orquestra
Em7
C♯m5-
F♯5+
B7
Em7
C♯m5-
F♯5+
B7
Voz
Em7
A9
Em7
A9
Em7M
Em7
A7
E
C7M
D9-
G 6 9
C7M
E7
B
Gm6
B♭
Bm7
E7

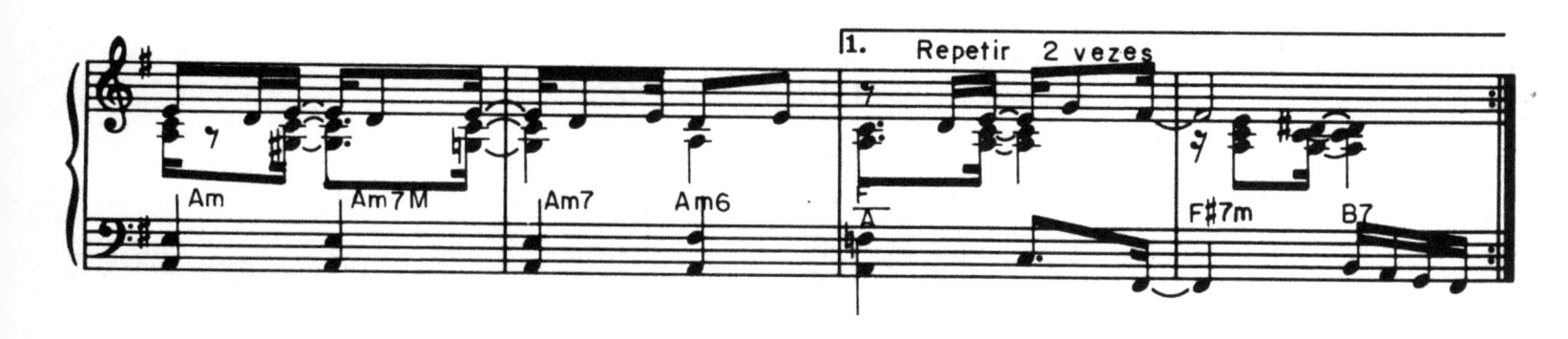

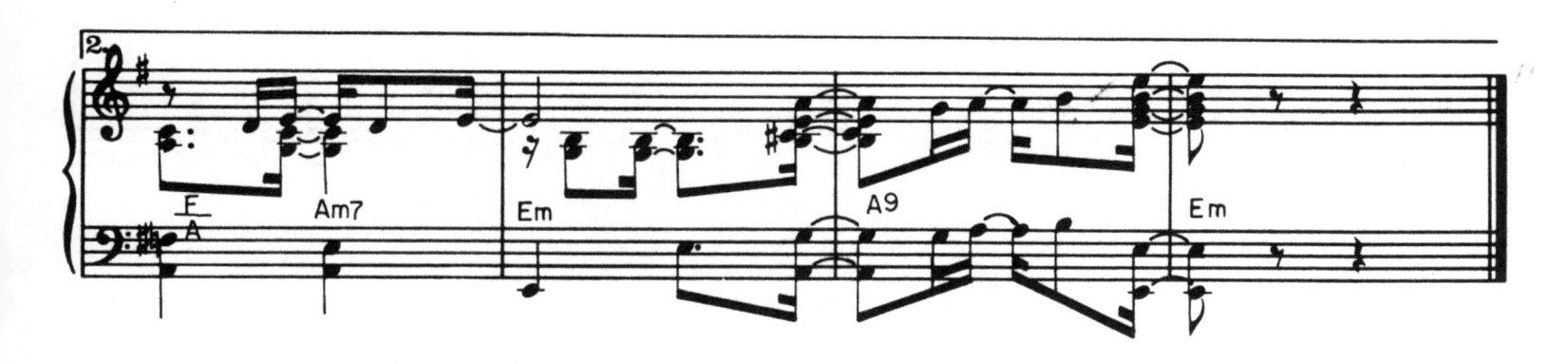

TOM — MI-MENOR
Em B7 Em

Introdução: C67M9

B7   A7
Vamos carioca
           Em   A7
Sái do teu sono devagar
     Em7M   A7
O dia já vem vindo aí
     Am7   D7   G69
E o sol já vai raiar
    C7M   E7/B
São Jorge, teu padrinho,
     Gm6   Bm4 E7
Te dê cana prá tomar
   Am7   Am6
Xangô, teu pai, te dê
     F/A   B7
Muitas mulheres para amar.

C#m5-   F#5+   B7   Em7   C#m5-   F#5+   B7

Em7   A7
Vai o teu caminho
     Em7   A9
É tanto carinho prá dar
  Em7M Em7   A7
Cuidando do benzinho
     C7M   D9- G69
Que também vai te cuidar.
    C7M   E7
Mas sempre morandinho
     Gm6   Bm7
Quem não tem com quem morar
E7   Am Am7M Am7 Am6 F/A
Na base do sozinho não dá pé
    F#m5-
Nunca vai dar.

B7   Em7   A9
Vamos minha gente
     Em7   A7
É hora da gente trabalhar
  Em7M Em7 A7
O dia já vem vindo aí
     C7M   D7   G69
E o sol já vai raiar
    C7M   E7/B
E a vida está contente
     Gm6   Bm4
De poder continuar
E7   Am7   Am7M
E o tempo vai passando
Am6   F/A   B7
Sem vontade de passar

Em7 C#m5-   F#5+   B7   Em7   C#m5-   F#5+   B7

  Em7   A7
Ê vida tão bôa
     Em7   A7
Só coisa bôa prá pensar
    Em7M Em7 A7
Sem ter que pagar nada
     C7M   D9- G6
Ceu e terra, sol e mar
    C7M   E7
E ainda ter mulher
     Gm6   Bm7
De ter o samba prá criar
E7   Am   Am7M Am7
O samba que é o balanço
    Am6 F/A   F#m7 B7
Da mulher   que sabe amar
Em   A7
Ê vida tão bôa
     Em7   A7
É só coisa bôa prá pensar.

Samba do Perdão

Samba

Baden Powell e Paulo César Pinheiro

G7 Dm7 G7 Cm Ab7M Am7
D9 7 Dm7 G7 Cm7 G7 Cm
Ab7M Fm G5+ 7 Cm Db7 C7M
C7M Am7 Dm7 G7 Bb7 Eb7M 9
Eb7M 9 Fm7 Bb7 Cm7 Cm/Bb Ab7

G7
Cm
C7
Dm7
G7
Cm
Cm
Gm
Gm
Ab7M
G5+
Cm
Cm7
Cm/Bb
Ab7
G7
1.
Cm
Am7
2.
Cm
Ab7M
Fm
G5+
Cm7
Cm7
Ab7
G7
Ab7M
Fm
Cm

TOM — DÓ MENOR
Cm G7 Cm

Introdução: *Fm G7 Cm7 Ab7M Em7 G7 Ab7M Fm7 G7 G5+*

    Cm7 Cm Dm7 G7
    Mais uma vez amor
C7   *Am7 G7*
   A dor chegou sem me dizer
    Fm
Fm7 *C* *Bb7* *Eb7M*
   Agora que existe a paixão
Ab7   *Fm G7*
   A hora não é de sofrer
   Dm7 G7 *Cm*
   Mas quem quer pedir perdão
Ab7M *Am7* *D7* *Dm7*
   Não deixa a tristeza saber
G7   *Cm7* *G7 Cm Ab7M*
   E no entanto a tua falta
   Fm *Cm Db7*
   Invade meu coração
   C *Am7* *Dm7* *G7*
   Mas a vida ensina a crêr e a perdoar
Bb7   *Eb7M*   *Fm7*
   Quando um amor vareia o nosso
           Cm
    Bb7 *Cm* *Bb*
   É tão grande que eu já nem sei
Ab7   *G7*   *Cm*
   Tenha pena das penas que eu penei
C7   *Dm7 G7 Cm*
   Não desprezes mais
    Gm
   Meu padecer
   Ab7M *G5+ Cm*
   A vasta melancolia solidão
Ab7   *G7*   *Cm*
   Já não cabe mais no meu violão
   Dm7 *G7*
   Tanta mágoa assim
Cm   *Gm*
   Que eu vou morrer
          Cm
   Ab7M *G5+ Cm Bb*
   Soluço até vou pedir ao coração
Ab7M   *G7*   *Ab7M Fm Cm*
   Só quem morre de amor pede perdão.

Pisando Corações

Valsa

Letra de Ernani Campos
Música de Antenogenes Silva

149

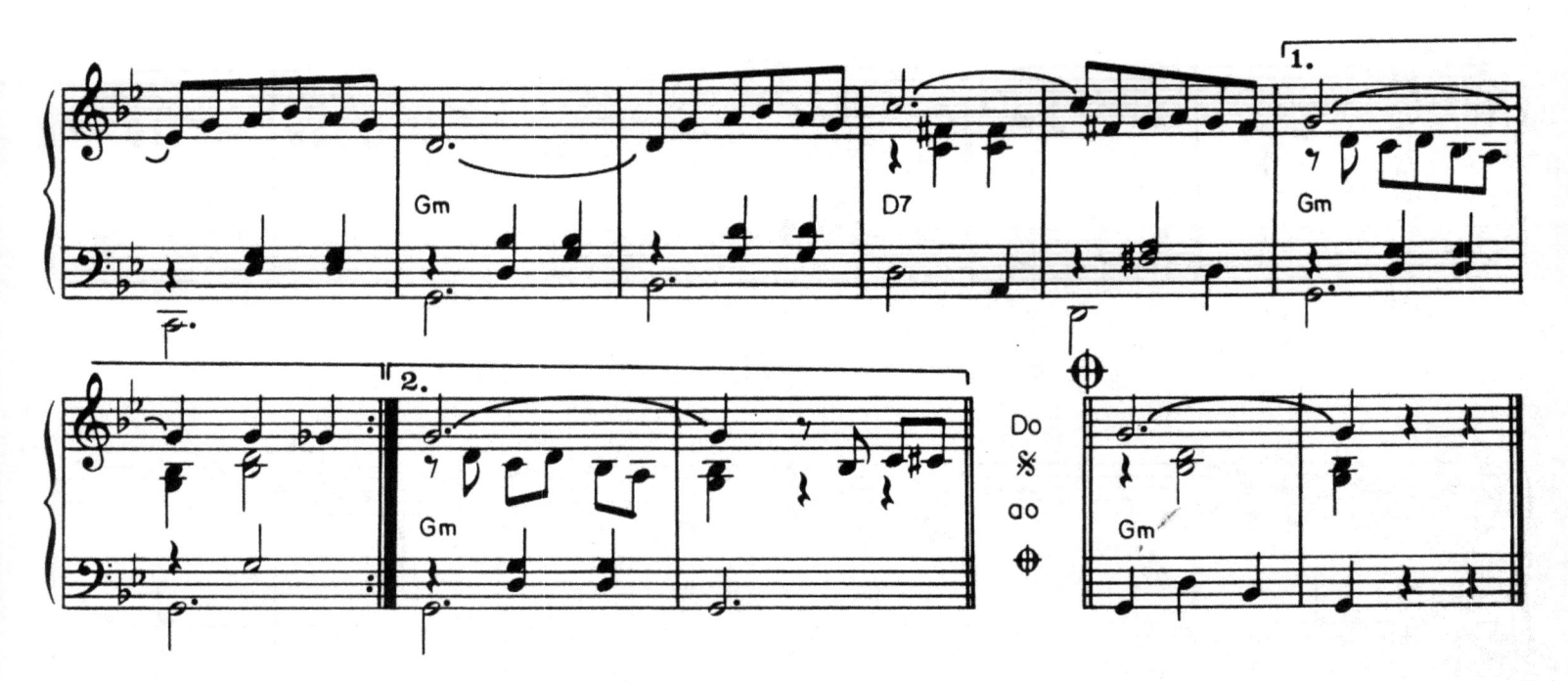

TOM — SOL MENOR
Gm D7 Gm
Introdução: *Cm Gm Eb7M D7 Gm*

1ª

Gm   *D7*
Quando eu te vi naquela noite enluarada
          Am5 –   *D7*   *Gm*
Minha impressão era que fosses uma fada,
D7   *Gm*   *Eb7M*   *Am5 –D7*
Fugida do   seu reina— do,
D7   *Gm*
Vinda de um mundo encantado.
       Gm
Agora vi
              Gm7   *D7*
Que a hipocrisia é o sortilégio
         Am5 –   *D9 –*
Que afivelas como mascara
          Ab7   G7
Ao teu ros—to
Cm   *Em5 –*   *Gm*
E que o teu sorriso encantador
                 Am5 –
É taça de veneno
D7   *Gm*
Em formato de flor.

2ª

         F7
Tu passaste
            Bb
A vida a sorrir,
            D7
Pisando corações
               Gm
Indiferente a rir
            Cm
Agora voltarás
                    Gm
E então hás de sofrer
               D7
Por tudo que fizeste
                Gm
Os outros padecer

Sina

Djavan

C♯dim.
C/D
C7
C9
Em
C/D
C7
Em
G
C7M
G
Em7
C
C/D
G
Em
C
C7
C/D
C 7M
C/D
FIM
Rep.
Ad. lib.

TOM — SOL MAIOR
C D7 G

Introdução: *B7 Em B7 Em D7*

G
  Pai e mãe
C7M
  Ouro de mina
G
  Coração
F#°   *B7*
  Desejo e sina
Em
  Tudo o mais
Bm7   *C7M*
  Pura rotina: jazz
    C#°
  Tocarei seu nome
         G   *Em*
  Prá poder falar de amor
C7M   *C/D*
  Minha princesa
G
  Art-nouveau
F#°   *B7*
  Da natureza
Em   *C7M*
  Tudo o mais
Bm7   *Em7* *C7M*
  Pura beleza: jazz
   C#°   *C/D*
  A luz de um grande prazer
  C7 *C9* *Em*
  É irremediável: neon
     C/D
  Quando grito do prazer
   C7   *Em*
  Açoitar o ar: Reveillon
G
  O luar
     C7M
  Estrela do Mar

  O sol e o dom
G
  Quiçá
Em7 *C*
Um dia a fúria

  Desse front
G   *Em* *C*
  Virá lapidar o sonho
C7   *C*
  Até gerar o som

  Como querer
   C7M *C/D*
  Caetanear o que há de bom.

Coração de Estudante

Milton Nascimento e Wagner Tiso

Dm
F
G
E7
Am
C7
C
Fm
C
Am
G7
G7
Am
G7
C
F
G
Gsus
G7
Ao
ao
Gsus
G7
Am
G7
rall...
C

TOM — DÓ MAIOR
C G7 C

Introdução: *Dm7 B7M G7*

I

```
G7                    C
Quero falar de uma coisa
                 Dm
Adivinha onde ela anda
                F
Deve estar dentro do peito
G7    E7        Am
Ou caminha pelo ar
F
G     G7      C    Fm
Pode estar aqui do lado
                       C
Bem mais perto do que pensamos
                Dm7
A folha da juventude
                      F
É o nome certo desse amor.
```

II

```
G7                       C
Já podaram seus momentos
                Dm
Desviaram seu destino
              F
Seu sorriso de menina
G7    E7         Am
Quantas vezes se escondeu
C7                 C    Fm
Mas renova-se a esperança
              C
Nova aurora cada dia
Am                       G7
E há de se cuidar do Broto
      G7
Do Broto pra que a vida
         Fm    G7   C
Nos dê Flor, Flor e fruto.
G7                  C
Quero falar de uma coisa etc.
G7              C
Coração de estudante
                   Dm
Há de se cuidar da vida
                F
Há de se cuidar do mundo
G7    E7         Am
Tomar conta da amizade
C7             C
Alegria e muito sonho
C7  Fm             C
Espalhados no caminho
Am                    G7
Verdes, planta e sentimento
   Gm4 G7      C7           C
Folhas, Coração, Juventude da Fé
```

Saxofone, porque choras

Chôro-Lento

Música de Ratinho

E7
Gm
Bb
A9-
Dm7
G7
C
C7M
Am
B7
E7
Am
E7
Am
Am7
Dm7
G7
C7M
Am7
Bm7
E7
Am6
Am
Dm
G7
Am
C
Am
Bb7
E7
Am
E7
ao
e
Am
E7

A6
A
Bm7
Bm
8ª
Bm7
E7
A6
A
E4
A6
Em7
F♯7
Bm7
B♭
Dm6
A
F♯m7
Bm7
E7
A
Do
𝄋
ao
*
Am
Am9

Coisas do Brasil

Guilherme Arantes e Nelson Motta

TOM - LÁ MENOR
Am E7 Am

Introdução: **Am E7 Am**

   Am7   **Dm**   **Gm**
Foi tão bom te conhecer
      A7   **D7**
Tão fácil te querer
G7   **Bm5-**   **E7**   **Am**
Triste não te ver por tanto tempo
 Dm   **Gm7**
É bom te encontrar
 A7   **D7**
Quem sabe feliz
    G7   **Bm5-E7 G A7**
Com a mesma alegria   de novo
D7   **Ab7 G7 Em7**
Mais uma vez, amor

D#°   **Dm7 E7**   **G**   **A7**
Te abraçar de verdade
D7   **Ab7 G7**   **C**
Há sempre um novo amor
D#°   **Dm7 E7**   **Am7**
E uma no — va saudade
Dm   **Gm**
Coisas do Brasil
A7   **D7**
Coisas do amor
G7   **Bm5- E7** **Am**
Luzes da cidade acendendo
 Dm   **Gm7**
O fogo das paixões
 A9   **D7**
Num bar a beira mar
 Dm
No verde azul
 Bm5 - E7   **A7**
Do Rio de Janeiro

               (VOLTAR Para:)
D7   **Ab7 G7 Em**
Mais uma vez amor etc.

Sei que é covardia... mas...

(Pois é!)

Samba

Ataulfo Alves e Claudionor Cruz

TOM — RÉ MENOR
Dm   A7   Dm

Introdução: A7 Dm D7 D9− Gm Em5− A7 Dm E9− A7 Dm

CÔRO

Bis {
  Dm   E9−   Bbdm
Sei que é covardia
    A7   Em9
Um homem chorar
    A7   Dm Gm A7
Por quem não lhe quer
}

D7 Eb7 D7   Gm
Não descanso um só momento
    Em5−   A7
Não me sae do pensamento
    Dm
Essa mulher...

Bis {
    Dm7   Gm
Que eu quero tanto bem
  A7   Dm
E, ela não me quer
}

II

Em5− A7 Dm
Outro amôr
Am5− D9− Gm
Não resolve a minha dor!
A7   Dm
Só porque
Dm
 C   Bb7M
O meu coração
Bb7
Já não quer
  A7   A5+
Outra mulher...
        Dm
(Pois é!)

Nossa Senhora das Graças

Samba - Canção

Lupicínio Rodrigues

TOM — FÁ MAIOR

F C7 F

Introdução: **F7M Gm7 C7 F7M Dm Gm C7 F**

F7M   Gm C7
Nossa Senhora das Graças
F   Dm   Am5-D7
Eu estou desesperado
Gm7   C7   A13
Sabe que eu sou casado
              Dm7   Dm7
Tenho um filho que me adora
              G7   Db7 C7
E uma esposa que me quer
F7M   Dm7   G7 C7
Nossa Senhora das Graças
F7M   Cm7F9
Estou sendo castigado
Bb   C13   F7M
Fui brincar com o pecado
              Dm7   Gm
E hoje estou apaixonado
         C7   F   F7M
Por uma outra mulher

                                C
F   Gm7   Bb
Virgem,
Gm7   C7   Am7
Por tudo que é mais sagrado
                              Gm7
Embora eu seja culpado
              C7   F
Não me deixe abandonado
              G7   Gm7
Quero a sua proteção
C7   F
Virgem,
Bb   Bº   Am7
Dê-me a pena que quizeres
D7   D9-   Gm7
Mas devolva se puderes
         C9-   F
Sua verdadeira dona
Dm   Gm7 C7 F   Bb7M Am Gm7 F7M
Meu perverso coração

Kid Cavaquinho

Sambão

João Bosco e Aldir Blanc

TOM - RÉ MAIOR

D   A7   D
Introdução: F#m5- B9- Em A9 A7

       G/A   D7M
Oi que foi só pegar no cavaquinho
   G/A
Pra nêgo bater
D   D7M   C7   D7M
Mas se eu contar o que é que pode um cavaquinho

      G/A
            D
Os home num vai crer
     D7M   G7
Quando ele fere, fere firme
      F#m5-
Bis { Doi que nem punhal
   B7   E7
Quando ele invoca até parece
 E7   Em7
Um pega na geral

A13   D
    Genésio!
B7   Em7
 A mulher do vizinho
Em   A7 A9   D   D7M
Sustenta aquele vagabundo
C11+13 F#m5- B7   E7
Veneno é com meu cavaquinho
Em7   G/A
Pois se eu tô com ele
A7   D D7M Em7
Encaro todo mundo
D7M F#m5- B7   E7
Se alguém pisa no meu calo
Em7   G/A
Puxo o cavaquinho
A7   D
Pra cantar de galo

Serenata Suburbana

Guarânia

Capiba

TOM - RÉ MENOR
Dm   A7   Dm

Introdução: *Dm Gm A7 Dm*

Dm
Levo a vida em serenata
A7   Dm Bb9 Em5-A7
Somente a cantar
Dm
F   Am
Quem não me conhece tem impressão
E7   Em5-
De que sou tão feliz
A7   Dm Bb9 Em5-A7
Mas não é isso, não,
Dm
Se eu canto em serenata
A7   D7M Em7 F#m7 Em7
É para não chorar

D
Ninguém sabe a dor que sinto
A7
Dentro de mim
Em7   A7
Ninguém sabe porque vivo
D
Tão triste assim
D
Se eu fosse realmente
D7   G
Muito feliz
A7   D
Não chorava quando canto
Em   A7   D
Nem cantava para abafar meu pranto.
              D   Gm D9/6 D
2ª vez, para terminar: pranto

Que bate fundo é esse?

Samba

Alcebíades Barcelos e Armando V. Marçal

TOM — SOL MAIOR

G D7 G
Introdução: Dm E7 Am C Cm6 G7M E7 Am D7 G
F D

Coro
     E7   Am7
Que bate fundo é esse?
        D7
(escute aqui)
Am7   D7   G
Que você vive a fazer
       C7M   G
(mas isso assim não pode ser)
Em7   Am7
Vejo-lhe sempre zangada
D7   Am7
E mal humorada
D7   G
Maldizendo o viver
G   Bm5-
Chego em casa cansado
    E7
E não posso dormir
    Am7
Com o falatório seu
C/D
   Cm6   G
Todo o dia um lê lê lê
   Em7   Am
E não me explica porque
D7   G
Que bate fundo meu Deus
        C7
(que bate fundo é esse?)

G   F#m5-   B7
Eu não posso mais suportar esta vida
     Em
Isso não é viver
     Bm5-   E7
Procurei o céu e fui no inferno
    Am Am9 Am7
Que fui me meter
D7   Am7
Você se lamenta
    D7
E vem todo o dia
    Em
Com a sua manha
    F#m5
Diz que não tem sorte
    B7
E que a desgraça
    Em
É que lhe acompanha

Coração Ateu

Canção

Sueli Costa

TOM — Mi MENOR
Em B7 Em

Introdução: *G D7 G*

G   *A/G*
    Meu coração ateu   quase acreditou
F#m5−   *B7*   *Em*
    Na tua mão que não passou

    De um leve adeus
C7M   *Em/B*   *Am*
    Breve pássaro pousado em minha mão
AmG   *F#m5−* *B7*   *Em*
    Bateu asas   e voou
F/G   *G9−*   *A/G*
    Meu coração por certo tempo passou
F#m5−   *B7*   *Em*   *Em/D*
    Na madrugada procurando num jardim
C7M   *Em/B*   *Am*   *Am/G*
    Flor amarela, flor de uma grande espera
       F#11+   *B7* *Em*
    Logo o meu coração ateu.

F/G   *G9−*   *C*
    Se falo em mim e não em ti

    É que nesse momento
C°   *Bm5−*
    Já me despedi
E4   *E7*
    Meu coração ateu
    G6   *A7*
    Não chora e não lembra
F#m   *B7*   *Em*
    Parte e vai-se embora.

Se Deus me ouvisse

Letra e Música de Almir Rogério

TOM — SOL MAIOR
G D7 G

Introdução: *G   Bm7   C   D7*

G
Ah! Se o bom Deus me ouvisse
Bm
E mandasse prá mim

Aquêle que eu amo
C
E que um dia partiu

Deixando a tristeza
D7
Junto a mim.

G   C/D
Ah! Voltaria prá mim
Bm
Tôda a felicidade

Sairia do peito
C
A dor da saudade

Renascia em mim
D7 Em7 Bbm7
A caminho do fim.

Am7   D4   D7
Ah! Eu lhe peço Senhor
Bm   Em
Ah! Traz de volta êste amor
Eb   Bb
Senhor, está perto o meu fim
C
Eu lhe peço meu Deus
C9   D7
Tenha pena de mim.

repetir ad libtum

Eu só quero um xodó

Xote

Dominguinhos e Anastácia

TOM — FÁ MAIOR
F C7 F

Introdução: *F Bb7 F Bb7 F Bb7 F G C7 F*

                A   A

F   Bb   Am
Que falta eu sinto de um bem
*   Bb*
Gm   C7   F   C
Que falta me faz um xodó
*   F   Dm   Am*
Mas como eu não tenho ninguém
Gm   C7   F
Eu levo a vida assim tão só

*   Cm7   Bb   F*
Eu só quero um amor
F7
C   Bb   G7
Que até no meu sofrer
Dm   Gm
Um xodó pra mim
Dm   G7
Do meu jeito assim
*   Bb*
Bb   C   F Gm Bb F
Que alegre o meu viver.

Primeiro Amor

Valsa Opus 4

Patápio Silva

179

Odara

Afro

Caetano Veloso

TOM — RÉ MENOR
Dm A7 Dm

Introdução: *Gm7 F7M Dm7 Gm7 $\overset{Bb}{C}$*

Gm7   *C7*   *Dm7*
Deixe eu dançar pro meu corpo ficar Odara
Gm   *C7*   *Dm7*
Minha cara   minha cuca ficar Odara
Gm7   *C9*   *C13*   *G9* *Bm7*
Deixe eu cantar   que é pro mundo ficar Odara
Bb6   *Am*
Prá ficar tudo   joia rara
D7   *Gm*
Qualquer coisa que se sonhara
C7   *C13*   *Dm7*
Canto e danço que dara.

Você e eu

Samba-Bossa

Carlos Lyra e Vinícius de Moraes

TOM — FÁ MAIOR
F C7 F

Introdução: Bm5- A5+9- D7 G13 G13- Gm7 C9-

F69   F7M Ab°
Podem me chamar e me pedir
      F6   F7M9
E me rogar e podem mesmo falar mal,
  Am5-   D9-
Ficar de mal, que não faz mal,
Gm7   Bbm6
Podem preparar milhões de festas ao luar
    F6/A   Ab°
Que eu não vou ir, melhor nem pedir
     Gm7   C7
Que eu não vou ir, não quero ir,
    F69   F7M9
E também podem me entregar
  Ab°
E até sorrir e até chorar

F69   F7M
E podem mesmo imaginar
  Am5-   D9-
O que melhor lhe parecer
Gm7
Podem espalhar
   Bbm6
Que estou cansado de viver
   F7M
E que é uma pena
D7   Ab°
Para quem me conhecer
Am5- D7 G13 G13- Gm7 C9 F69
Eu sou mais você e eu.

Rasguei o teu retrato

Tango-Canção

Candido das Neves
(Indio)

LENTO

Mão esquerda bem acentuada sempre

TOM — SOL MENOR
Gm D7 Gm

Introdução: *Cm Cm⁶ Gm A7 D7 Gm*

I

Gm   D7   Gm
Tu disseste em juramento

Que entre os véus do esquecimento
*   D7*
O meu nome é uma visão...
D7   Cm   D7
Tu tiveste a impiedade
Cm   D7
De sorrir desta saudade
Gm
Que mata o coração
Gm
Se um retrato tu me deste,
Cm   G7
Foi zombando, tu o disseste,
Cm
Do amor que te ofertei,
Gm
E eu, em lágrimas desfeito,
A7
Quantas vêzes junto ao peito
D7   G
Esse retrato conservei.

II

Gm   D7   Gm
Eu que tanto te queria,

Eu que tive a covardia
*   D7*
De chorar, esse amargor,
D7   Cm   D7
Trago aqui despedaçado
Cm   D7
O teu retrato, pois vingado
Gm
Hoje está o meu amor.
Gm
As sentenças são extremas!
Cm   G7
Faça o mesmo aos meus poemas!
Cm
Rasgue os versos que te fiz!
Gm
Não te comova o meu pranto,
A7
Pois quem te amou tanto, tanto,
D7   G
Foi um doido... um infeliz!

Refrain:

G   D7
Eu sei também ser ingrato!
C7   B7
Meu coração, vê bem, já não te quer,
E7   Am
E ontem rasguei o teu retrato
Cm   Cm
*   Eb   G/D D7   G*
Ajoelhado aos pés de outra mulher.

O "dengo" que a nêga tem

Samba

Dorival Caymmi

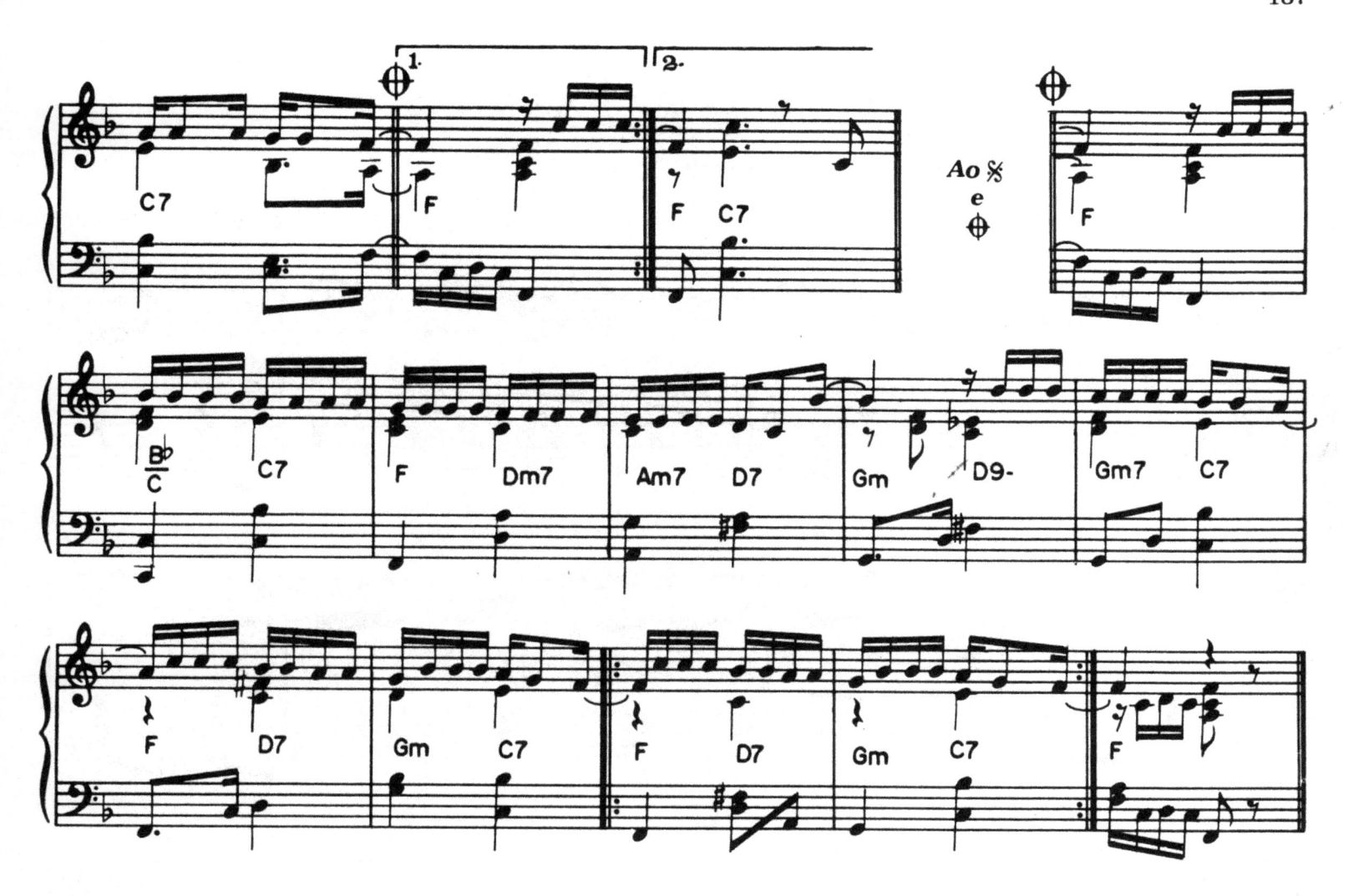

TOM — FÁ MAIOR
F C7 F

Introdução: Bb C7 F Am7 D7 Gm C7 C9 F D7 Gm C7 F

Bis:
    F   *Gm7*
É dengo, é dengo, é dengo, meu bem
    C7   *F*
É dengo que a nêga tem
C13   *F*   *Gm7*
Tem dengo no "remelêxo" meu bem
    C7   *F*
Tem dengo no falar também

I

        F7M   *Gm7*   *Am7*
Solo - Quando se diz que no falar tem dengo
            D7   *Gm* *D9-*
Côro - Tem dengo, tem dengo, tem dengo, tem.
        Gm7   *C7*
Solo - Quando se diz que no sorrir tem dengo
        Gm7   *C7*   *F*
Côro - Tem dengo, tem dengo, tem dengo, tem.
       F7M   *Cm7* *Am7*
Quando se diz que no andar tem dengo
      D7   *Gm*
Tem dengo, tem dengo, tem dengo, tem.
    Gm7   *C7*
Quando se diz que no cantar tem dengo
  Gm7   *C7*   *F*
Tem dengo, tem dengo, tem dengo tem.

   F   *Gm*
É dengo, é dengo, é dengo, meu bem, etc.

        F7M   *Gm7* *Am7*
Solo - Quando se diz que no quebrar tem dengo
        D7   *Gm* *D9-*
Côro - Tem dengo, tem dengo, tem dengo, tem.
      Gm7   *C7*
Solo - Quando se diz que no olhar tem dengo
      Gm7 *C7*   *F*
Côro - Tem dengo, tem dengo, tem dengo, tem.
   F7M   *Gm7* *Am7*
Quando se diz que no bolir tem dengo
     D7   *Gm*
Tem dengo, tem dengo, tem dengo, tem.
   Gm7   *C7*
Quando se diz que no sambar tem dengo
  Gm7 *C7*   *F*
Tem dengo, tem dengo, tem dengo, tem.

  Bb
  C
É no mexido
  C7
É no descanso
  F7M
É no balanço
  Dm   *Am7*
É no jeitinho requebrado
  D7 *Gm7*
Que essa "nêga" tem
D7 *Gm7*   *C9 F7*
Que todo mundo fica enfeitiçado
  D7   *Gm*
E atrás do dengo dessa "nêga"
  C7 *F*
Todo mundo vem.

O sanfoneiro só tocava isso

Marcha-Caipira

Arranjo Fácil
pelo processo de Baixos Alternados

Haroldo Lobo e Geraldo Medeiros

© Copyright 1950 by IRMÃOS VITALE S/A. Ind. e Com. - São Paulo - Rio de Janeiro - Brasil
Todos os direitos autorais reservados para todos os países - All Rights Reserved

TOM — DÓ MAIOR
C   G7   C

Introdução: *C   G7   Dm   G7   C   G7   Dm   G7   C*

    C   *Dm*
O baile lá na roça
   G7   *C*
Foi até o sol raiar
   Am   *Dm*
A casa estava cheia
   G7   *C*
Mal se podia andar
   C   *Dm*
Estava tão gostoso
   G7   *C*
Aquele reboliço
   C7   *F*
Mas é que o sanfoneiro
Dm G7   C
Só tocava isso.

   C   *Dm*
De vez em quando alguém
   G7   *C*
Vinha pedindo prá mudar
   Am   *Dm*
O sanfoneiro ria
   G7   *C*
Querendo agradar
   C   *Dm*
Diabo é que a sanfona
   G7   *C*
Tinha qualquer enguiço
   C7   *F*
Mas é que o sanfoneiro
Dm G7   C
Só tocava isso

Este Arranjo foi feito pelo «Processo de Baixos Alternados», cujo sistema pertence às lições de «Como tocar a Música Popular Brasileira», Dicionário Completo de Acordes e o Segredo Maravilhoso das Cifras, que se encontram no 3.º Volume da obra: «120 Músicas Favoritas Para Piano», de Mário Mascarenhas.

É Doce Morrer no Mar

Toada

Letra de
Jorge Amado

Música de
Dorival Caymmi

© Copyright 1941 by EDITORIAL MANGIONE S.A. Sucessora de E. S. Mangione - São Paulo - Rio de Janeiro - Brasil.
Todos os direitos autorais reservados para todos os países - All rights reserved.

TOM - RÉ MENOR
Dm   A7   Dm

Introdução: Gm   C13   Cm4   Bm5-   Am7   G   Dm

Bis {
       Dm   Dm7 Gm7
    É dôce morrer no mar,
                        Dm
    A7   Dm   F
    Nas ondas verdes do mar
}

             D9-
Am5-   A   Gm6
A noite que ele não veio, foi...
Em5-   A7   Dm7
Foi de tristeza para mim,
Em5-   A7   Dm7
Saveiro voltou sòzinho
               Gm
Bb7M Gm7   F   Em9 A7
Triste noite foi p'ra mim.

Am5-   D79-   Gm6
Saveiro partiu de noite, foi
Em5-   A7   Dm Bb7M
Madrugada... não voltou,
 Em5- A7   Dm Bb7M
O marinheiro bonito
            Gm
Gm7   F   Em7 A7
Sereia do mar levou

           D9
Am5- A   Gm6
Nas ondas verdes do mar, meu bem,
Em5- A7   Dm7
Ele se foi afogar
Gm7 C13   Cm7 Bm7
Fez sua cama de noivo,
Bb7M Am7 G Dm
No colo de Yemanjá

Esta noite eu queria que o mundo acabasse

Samba — Canção

Silvio Lima

TOM - LÁ MENOR

Am   E7   Am

Introdução: Dm Bm5- E7 Am B7 E7 F7M E7 E9-

Bis {
         Am   Em5-
    Esta noite
       A7   Dm7
    Eu queria que o mundo acabasse
       G7   Am7
    E para o inferno o senhor me mandasse
      Dm   E7   Bm5-
    Para pagar todos os pecados meus
}

E7 Dm7   G7
Eu fiz sofrer
                     C7M
A quem tanto me quiz
       Am   G7
Fiz de ti, meu amor, infeliz
      F7   E7 Esusp⁴
Esta noite eu queria morrer
E7 Am
Perdão
      A7   Dm7
Quantas vezes tu me perdoaste
    G7   Am Am7
Quanto pranto por mim derramaste
     Dm   F7
Hoje o remorso me faz padecer
                      C
E7 Dm   G7   G
Esta é a noite da minha agonia
     Am7   Dm
E a noite da minha tristeza
F7   Am Bm7 Am7
Por isso, eu quero morrer.

Solidão

Samba - Canção

Letra e Musica de Dolores Duran

TOM - RÉ MENOR
Dm   A7   Dm

Introdução: *Gm   Em5-   Dm   Gm7   A7   Dm   Em5-   A7*

   Dm   Em5-
Ai, a solidão
      A7   Dm   Gm7
Vai acabar comigo
A7 Dm   Gm7
Ai, eu já nem sei
     A7   Dm   Em5-
O que faço e o que digo

A7 D7M   D/C# (11)
Vivendo na esperança
           B7
De encontrar
  Em
Um dia
             A7
Um amor sem sofrimento
D7M   G7M
Vivendo para um sonho
        F#m7 B7
De esperar
Em7
Alguém que ponha fim
  A7
Ao meu tormento

            Bm7
Eu quero qualquer
           G7M
Coisa verdadeira
              Em7
Um amor, uma saudade
   Gm   D/F# D7M
Uma lágrima, um amigo
Dm   Gm
Ai, a solidão
  A7   D   Bb7 Eb7+ A7
Vai acabar comigo.

Canção da Volta

Samba-Canção

Ismael Netto e Antonio Maria

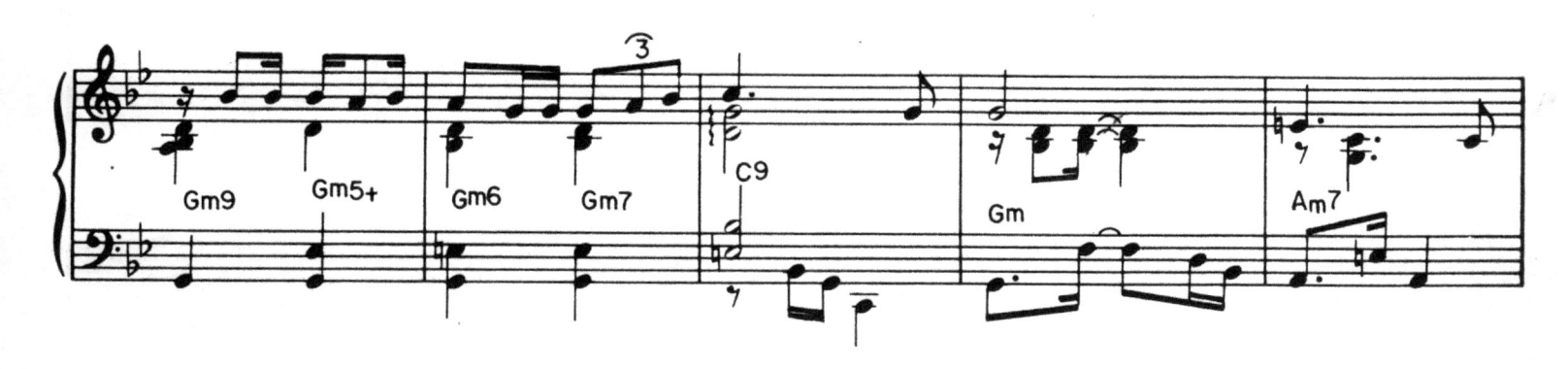

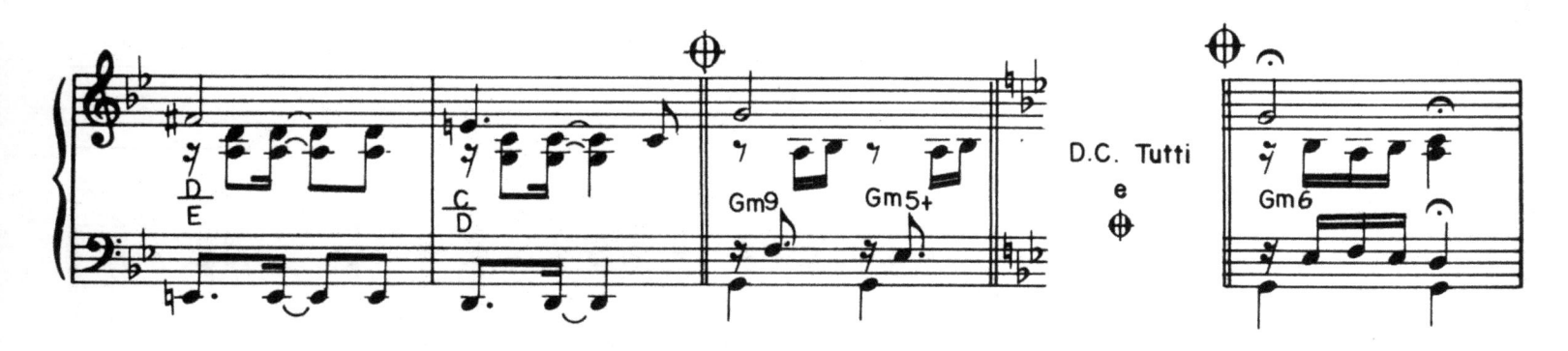

TOM — SOL MENOR
Gm D7 Gm

Introdução: *Gm9 Gm5+ Gm6 Gm7 C7 Am7 D13*

  Gm9   *Gm5+*   *Gm6*
Nunca mais vou fazer
          Gm7   *C7*   *Dm7*
O que o meu coração pedir
Gm9   *Gm5+*   *Gm6*
Nunca mais vou ouvir
        Gm7   *C 7*   *Am9 D13*
O que o meu coração mandar
G7M C7M F#m5− B7
O   coração
    Em7   *C7*   *B7*
Fala muito e não sabe ajudar
C7M   *Am7*
Sem refletir
       C9   *B7* *Em/G*
Qualquer um vai errar... Penar
Am   *D7*
Eu fiz mal em fugir
        G
Eu fiz mal em sair
      C911+   *G*
Do que eu tinha em você
Em7   *A7*
E errei em dizer

              C/D
Que não voltava mais
     D9−
Nunca mais
Gm9   *Gm5+*   *Gm6*
Hoje eu volto vencida,
    Gm7   *C9* *Dm7*
A pedir para ficar aqui
Gm9   *Gm5+*   *Gm6*
Meu lugar é aqui
      Gm7   *C9* *Gm*
Faz de conta que eu não sai
Am7   *D/E*
Lá... rá... lá...
C   *Gm9*
Lá... rá... lá...

Papel Marché

João Bosco e Capinan

TOM — FÁ MAIOR
F C7 F

Introdução: *Bb7 Gm9 Am7 D7 Gm7 C13*

BIS
Bb7M
Cores do sol
Gm9
Festa do amor
Am7
Vida é fazer
D7
Todo sonho brilhar
Gm7
Ser feliz
C13
No teu colo dormir
F7M
E depois acordar
D7   *G7*
Sendo o seu colorido
C7   *F*
Brinquedo de papel marché

Dm7
Dormir no teu colo
Bb7M
É tornar a nascer
Gm7
Violeta e Azul
C9-   *Am7*
Outro ser
D9-
Luz do querer
Bb7M
Não vá desbotar
Gm9
Lilás, cor do mar
C9-   *F5+7M*
Seda, cor de baton
F7M   *D7*
Arco-Íris crepone
Gm7
Nada vai desbotar
C7   *C9-*   *F*
Brinquedo de papel marché...

Cachoeira

Luiz Guedes e Thomas Roth

TOM — DÓ MAIOR
C G7 C

Introdução: *E7 Am7 Em7 Dm D7 G G7 Dm7 G7*

       C   Em Dm   G7
Tantos mistérios prá desvendar
         C   Em   F7M Dm7
Nas manhãs que abrem seu coração
E7 Am   Em7   Dm D7   G G7 Dm
Nesse teu corpo de mel   e luar
G7   C7M Em   Dm7   G7
Cada dia semear a mais linda canção
      C7M   Em7   F7M Dm
Prá colher as estrelas do céu
E7 Am7   Em7   Dm G7 Dm7 Em7 A
Nesses teus olhos de mar   e luar.

A13   Am Dm   Am
Teu amor é   cachoeira
F7M   Am Dm   Am
Que levou meu coração
       F7M   Gm4 Am   D7
Nas águas de um rio   de sonhos
       Dm   F G7 C
Que desperta em tuas mãos
G7   C7M   Em
Cada dia semear, etc.

Chuva de Prata

Ed Wilson e Ronaldo Bastos

TOM — RÉ MAIOR
D A7 D

Introdução: D A7 D

G
   Se tem luar no céu
F#m   Bb9
   Retira o véu e faz chover
A7   D D7M A13
   Sobre o nosso amor
   D   F#m
   Chuva de prata que cai sem parar
F#m5−   B7
   Quase me mata de tanto esperar
    Em   Bb7
   Um beijo molhado de luz
  A7   D A7
   Sela o nosso amor.
D   F#m
   Basta um pouquinho de mel prá adoçar
F#m5−   B7
   Deixa cair o seu véu sobre nós
   Em   Bb7
   Ó lua bonita no céu
  A7   D
   Molha o nosso amor.

D   F#m   Bm7
   Toda vez que o amor disser
        G
   Vem comigo
E7
   Vai sem medo
A7
   De se arrepender
D   F#m
   Você deve acreditar
            Bm7
   No que é lindo
        G
   Pode ir fundo
Gm A7   D
   Isso é que é viver.
D   F#m
   Cola seu rosto no meu vem dançar
F#m5−   B7
   Pinga seu nome no breu prá ficar
   Em   Bb7
   Enquanto se esquece de mim
  A7   D
   Lembra da canção
   Em   Bb7
   Enquanto se esquece de mim
  A7   D
   Lembra da canção
   Em   Bb7
   A lua bonita do céu
  A7   D
   Banha o nosso amor

Mistura

Samba-Canção

João Roberto Kelly

MODERATO

TOM — SOL MAIOR
G   D7   G

Introdução: *Am7   C7M^9 Cm7   F7   Am^4*

    G7M
Que loucura
   C11+
E eu pensava
   Bm7
Que era só ternura
  E7   *Am7*
Hoje em mim virou mistura
 D7
Eu em você
         B13   E9   A13
Por isso que loucura...

   D7   *G7M*
Que desejo
      C11+
Seu corpo fala
            Bm7
As coisas que eu entendo
  E7
A vida passa
             Am7
E a gente nem está vendo
        D7   *G7M   Dm7*
O que importa somos nós dois

 G13^{9-}   *C7M*
Que saudade
       F11+
Nas horas tristes
         Bm7
Que a gente não vê
  Em9   *Am7*
Há um vazio vontade de morrer
    D7
Eu não sou eu
      G   C#m5- Cm9   G7M
Você não é você...

Alguém como tú

Samba

Jair Amorim e José Maria Abreu

TOM — FÁ MAIOR
F C7 F

Introdução: Gm Bb F Am7 Gm C7

                     C
  F7M   Gm7
Alguém como tu,
  Am7   Dm7
Assim como tu,
  Gm7   C7
Eu preciso encontrar
  Gm   C7
Alguém sempre meu
  Gm7   C7
De olhar como o teu
       F7M   Bb7 Am7 Gm7
Que me faça sonhar...
  F   Gm
Amores eu sei
  F
  A   Dm7   Am Am9
Na vida achei e perdi...
  Dm7   G7
Mas nunca ninguém desejei
       Gm7
Como desejo a ti

  F7M   Gm7
Se tudo acabou,
  Am7   Dm7
Se o amor já passou
  Gm   C7 Gm7 C7
Há de o sonho ficar
  Gm   C7
Sozinho eu serei
  Gm   C7   Am5- Cm F7 F79
E alguém eu irei procurar

Bis {
  Bb   Bbm6
Eu sei que outro amor posso ter
  Am7   Eb7   D7
E um novo romance viver
  Gm
Mas sei que também
  C7   F
Assim como tu mais ninguém
           Bm5- Bb7 F7M(9)
(Para terminar) ninguém

Cabelos Negros

Eduardo Dussek e Luiz Antonio de Cassio

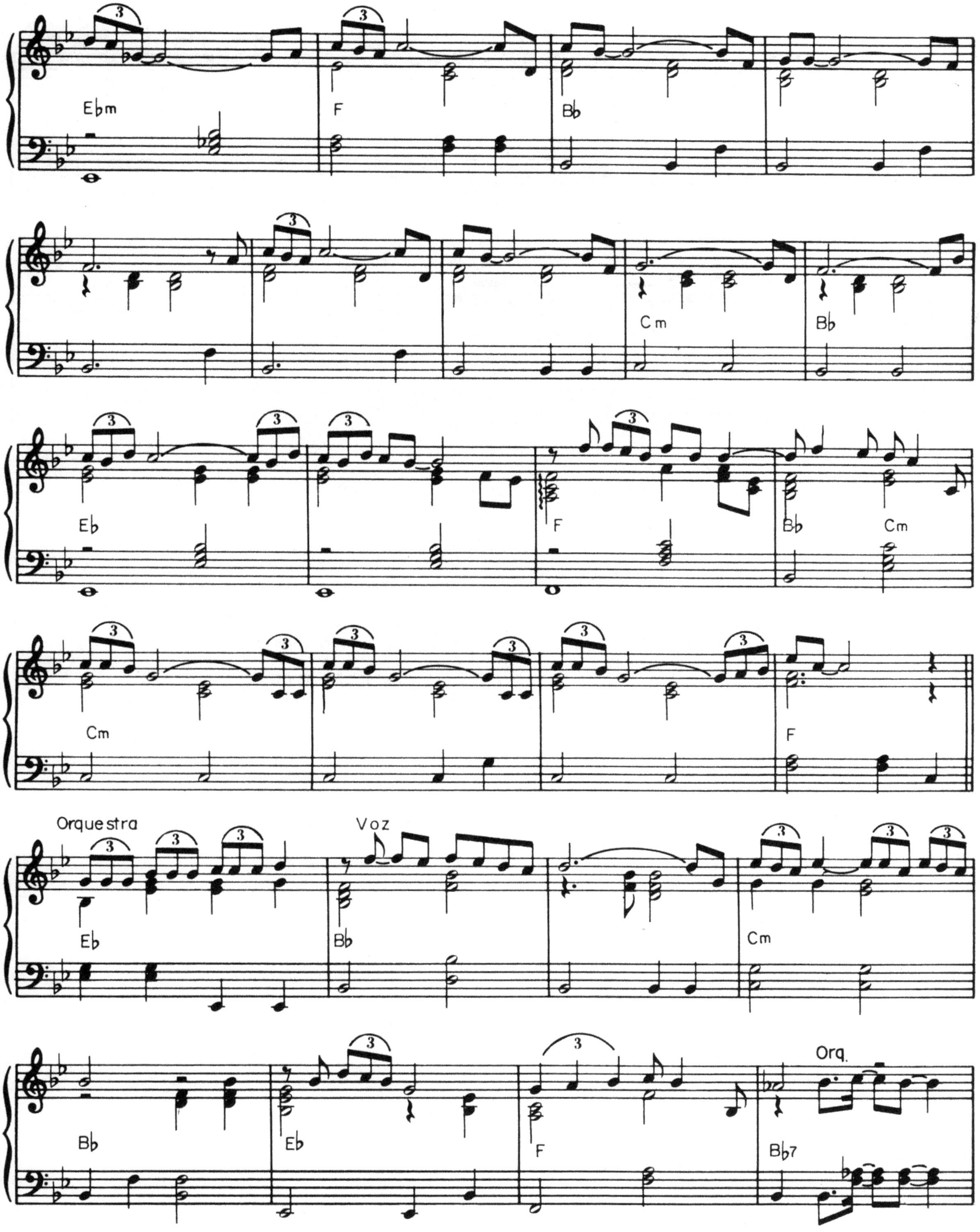

E♭m
F
B♭
Cm
B♭
E♭
F
B♭
Cm
Cm
F
Orquestra
Voz
E♭
B♭
Cm
B♭
E♭
F
Orq.
B♭7

TOM - Slb MAIOR
Bb F7 Bb

Introdução: C F Bb C7 Fm F7 Bb Bb6 Bb

Bb   Bb
    Eu quero os seus cabelos negros
   G   G7   Bb
Nas minhas   mãos
Bb   Bb
Eu quero seus olhinhos ciganos
F7   Bb
Nos meus sonhos
Bb
Eu quero você

Minha vida inteira

Bb
Como doce manía
G   Bb7
Fosse qualquer maneira
Eb
Eu queria você

Assim como é

Sem mentir nem dizer
   F   Ebm
O que não quizer
                Bb
Eu quero você criança

Caida no chão

Eu quero você brilhando
       Cm   Bb
Brincando de   mim.

Eb
Pois eu quis você
F
Como sol e as estrelas
           Bb   Cm
Noites de lua,   nostalgia

E vou ter você

Mesmo só prá pensar
                     F   Eb
Nessas coisas de amar na alegria
Bb
Eu começo a descobrir
            Cm
Que em meu coração
                   Bb
Tá nascendo um jardim
Eb
Pensando em plantar
F   Bb7
Você dentro de mim.
Bb   Ebm
Pois preciso lhe ver várias vezes
         Bb
Florescendo nas luas crescentes
Eb
Sentir seu perfume
F7   Bb
Prá encontrar você.

Quixeramobim

Toada

Letra e Música de
Mario Mascarenhas

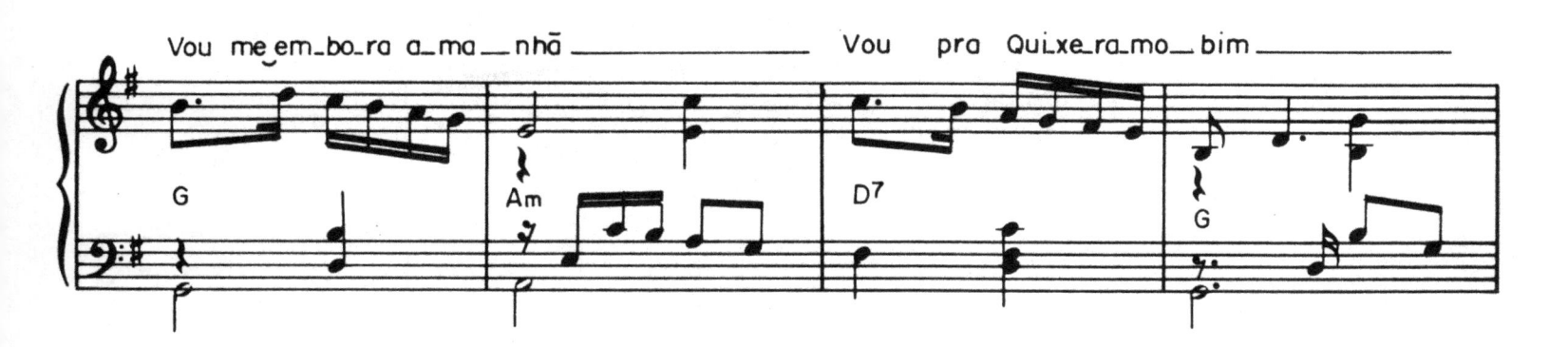

© Copyright 1962 by Eulenstein Música S/A.
© Copyright 1978 assigned Ricordi Brasileira S/A - São Paulo.

Vou re_zar na ca_pe_li_nha com vo_ce jun_ti_nho a mim
E7 Am D7 G
Qui xe_ra_mo_bim Qui xe_ra_mo_bim
G Am D7 G
Vo_am pe_los a_res lin_das an_do_ri_nhas ro_de_an_do as tor_res das i_gre_ji_nhas
G D7 D/C G/B G
Qui xe_ra_mo_bim Qui xe_ra_mo_bim
G Am G#dim C/G
Oh! co_mo eu gos_ta_ria de ou_vir os si_nos da A_ve Ma_ri_a
mf C/D G/D D7 G E7

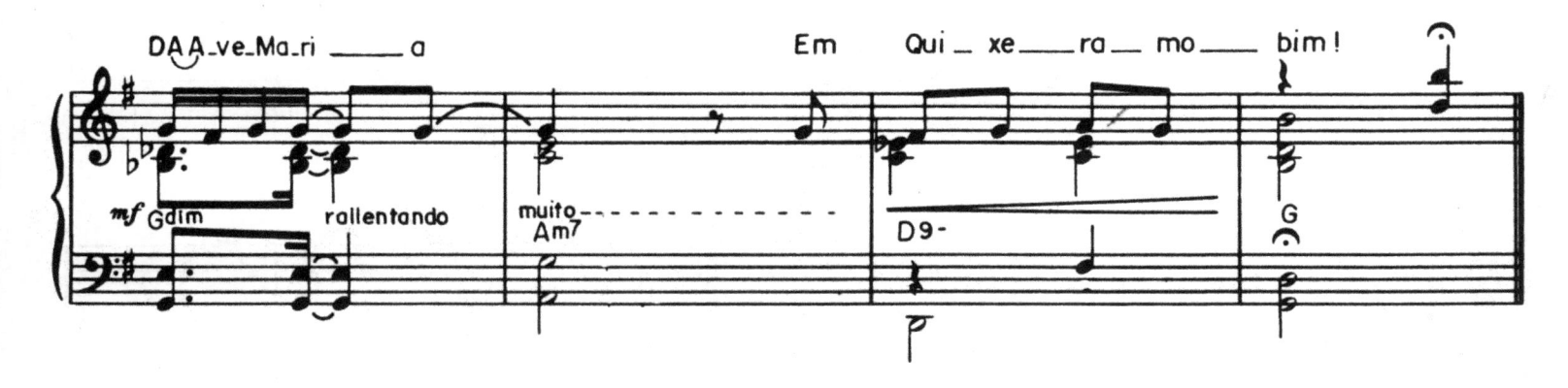

TOM — SOL MAIOR
G D7 G

Introdução: *G D7 G*

G   Am
Vou-me embora amanhã
D7   G
Vou prá Quixeramobim
E7   Am
Quero ouvir Ave Maria
D7   G
Às seis horas no jardim.
D7 G   Am
Vou-me embora amanhã
D7   G
Vou prá Quixeramobim
E7   Am
Vou rezar na capelinha
D7   G
Com você juntinho à mim.

G   Am D7   G
Quixeramobim! Quixeramobim!
G
Cruzam pelos ares
D7
Lindas andorinhas
D7
Rodeando as torres
G/B
Das igrejinhas
G   Am   G#°   C
Quixeramobim! Quixeramobim!
C   G
Oh! Como eu gostaria
           D7
De ouvir os sinos
       G
Da Ave Maria
G°   Am7
Da Ave Maria
 D79   G
Em Quixeramobim!

Os antigos moradores de Quixeramobim, contam a seguinte história sobre a origem do nome desta encantandora e singela cidadezinha do Ceará.
Quando ainda haviam poucas casas por lá, passava entre elas uma estrada. Havia um português, dono de um botequim, que quando passava um transeunte à cavalo, vindo de outras bandas, ele chegava à porta, empunhando uma garrafa de vinho e acenando-a dizia: Quixeramobim? Quixeramobim?
Ele queria dizer: Quer cheirar meu vinho?

Máscara Negra

Marcha-Rancho

Zé Keti e Pereira Mattos

215

TOM - SOL MAIOR

G D7 G

Introdução: Am7 F7⁹ G7M E7 Am7 D7⁹ G6 D7

Bis {
    G7M
 Tanto riso
 D7   *G*
 Oh! Quanta alegria
 G *G5+* *C7M*
 Mais de mil palhaços no salão
 E9 *Am7* *F7*
 Arlequim está chorando
      E7
 Pelo amor da Colombina
  Am7 *D7 G*
 No meio da multidão.
}

G *Em* *Am7*
Foi bom te ver outra vez
     D7
Está fazendo um ano
Em7 *G* *C7*
Foi no carnaval que passou
Bm7 *Bb°* *Am7*
Eu sou aquele Pierrot
D7   *Am7*
Que te abraçou
D7 *A7* *D7*
Que te beijou, meu amor
G7M *Em* *Am7*
Na mesma Máscara Negra
     D7
Que esconde teu rosto
    G *E79-* *E7*
Eu quero matar a sauda — de

Bis {
 Am7 *F79 G7M*
 Vou beijar-te agora
  E79 *Am7*
 Não me leva a mal
  D7 *E7*
 Hoje é carnaval
}

        D7 *G*
(Para terminar): Hoje é carnaval

Isto aqui o que é?

Samba

Ary Barroso

Introdução

D7 A D7 Bm7 E9- Am7 D7 G
Em7 A7 D7 G7M Bm7
E7 Dm6 F E7 E9- E4 Am Am7
7 D9 Cm6 G B G7M G7M Em7 Am
D7 1. G G° D7 2. G G B G♯°
Am7 D9 G6 D7 6 G9 G♯° Am7

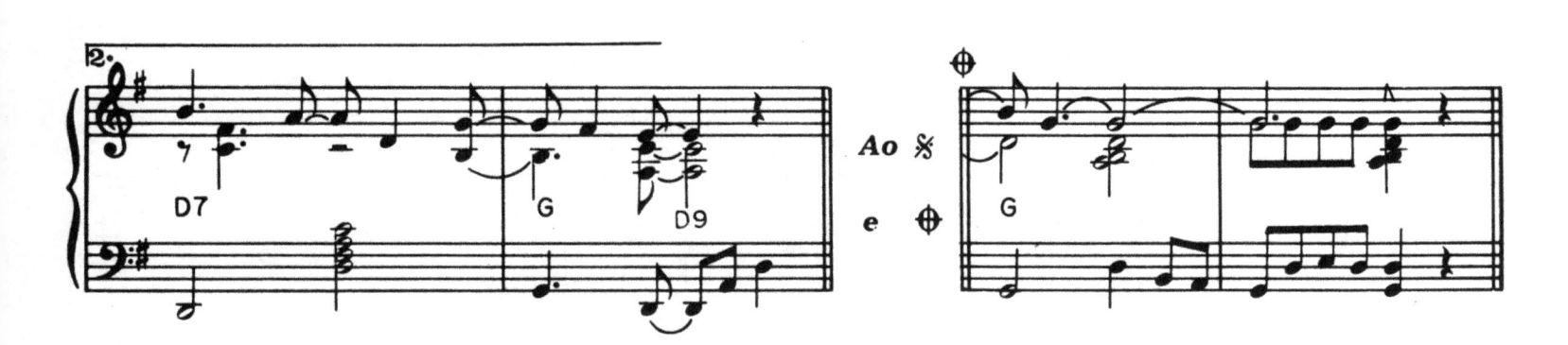

TOM — SOL MAIOR

G D7 G
Introdução: *A7 D7 G C7 B7 Em E9 Bm5_ Am D7*

    G   *G7M*
    Isto aqui   ô ô
G7M *D9-* *G/B* *Gm/Bb* *D7/Bb* *D7 Bm7 E9-*
    É um pouquinho de Brasil,   Yayá,
Am7   *D7*   *G*   *Em*
    Deste Brasil que canta e é feliz
      A7 D7   *G7M Bm7*
    Feliz,   Feliz
   E7 Dm6 E7   *E9-*   *E4 Am Am7*
    É   também um pouco de uma raça
   D79   *Cmb*   *G/B* *G7M*
    Que não tem mêdo de fumaça ai, ai,
Em7 *Am*   *D7*   *G* *G° D7*
    E não se entrega não.

                G/B   *G#° Am7*
Olha o jeito nas cadeiras que ela sabe dar,
            D9   *G6*
Olha o tombo nos quadris que ela sabe dar,
            D7   *G69*   *G#° Am7*
Olha o passo de batuque que ela sabe dar,
        D9   *G6*
Olha só o remelejo que ela sabe dar.

Bis {
   G7M   *A7*   *D7*
Morena boa que me faz chorar,
  Bm   *E79-*   *Am7*
Põe a sandália de prata,
  D79   *G*   *D7*
E vem pro samba, sambar.
}

Para terminar:

  D79   *G*
E vem pro samba sambar.

Chovendo na Roseira

Antonio Carlos Jobim

Dm7
G4
C7M
C7M/G
9
C7M
C/G
Cm7
F4
Bb7M
Bb7M/F
Bb7M
Bb7M/F
A4
A
Am
Am9
Am9-
Am
Am7M
Am7
Am6
F7M
Am
Bb/D
Ab/D
D9-
ao
e

TOM — SOL MAIOR
G D7 G

Introdução: *G69 Dm9 G69 Dm9*

    G   Dm7
    O - lha
G6   Dm7   G6 Dm7
Que está chovendo na rosei - ra
      Dm7   G6 Dm7
Que só dá rosas mas não chei - ra
G6   Dm7   G6
A frescura das gotas úmidas
Dm7   G6   Dm7   G6 Dm7
Que é de Luiza, que é de Paulinho, que é de João.
         Em4
Que é de ninguém
Dm
Pétalas de rosa
     G4   C7M C7M9
Carregadas pelo vento
 Cm7   F4   Bb7M Bb7M/F Bb7M
O amor tão puro carregou meu pensamento

  Bb7M-F A4 A
      O - lha
Am   Am9   Am9 Am
Um tico-tico mora ao la - do
Am7 4   Am7   Am6 F7M
E passeando no molha - do
Am   E4   Bb   Ab D9-
Adivinhou a primave - ra

     G6 Dm7
     O - lha
G6   Dm7   G6 Dm7
Que chuva boa prazentei - ra
G6   Dm7   G6 Dm7
Que vem molhar minha rosei - ra
G6   Dm7   G6 Dm7
Chuva boa, criadei - ra
Dm7   G6   Dm7   G6 Dm7
Que molha a terra, que enche o Rio, que limpa o céu
      E4
Que traz azul.

   A4 A
   O - lha
Am   Am9   Am9- Am
O jasminei - ro está flori - do
Am711   Am7   Am6 F7M
E o riachinho de água esper - ta
Am   E4
Se lança em vasto rio,
    Bb/D A6/D D9-
De águas calmas

   G Dm7 G6 Dm9   G6 Dm7 G6 Dm9
Ah!   Você é de ninguém
    Dm7 G6 Dm9   G6 Dm7 G6 Dm9
Ah!   Você é de ninguém

Vide, Vida Marvada

Baião

Rolando Boldrin

D C D D C D D7
D C D D D G
D7 D7/F# D7
G G G7 C
C Dm C C G
D7 G D7 G
orquestra
Ao
e

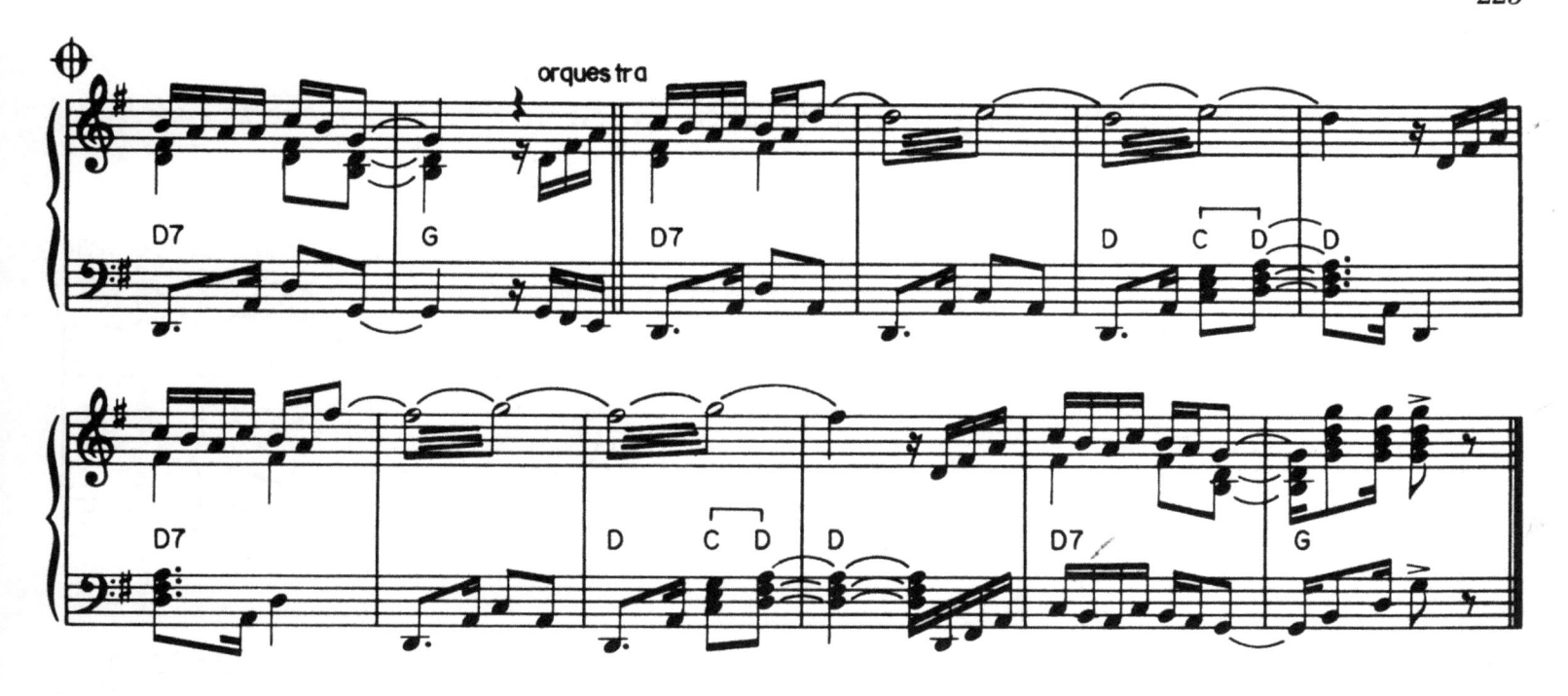

TOM — SOL MAIOR
G D7 G

Introdução: *D7 C D D7 C D*

          D
Corre um boato aqui onde eu moro
              C
Que as mágoas que eu choro
      D   C D
São mal pontuadas
          D
Que no capim mascado do meu boi
            C   D7 C D
A baba sempre foi santa e purificada
D7
   Diz que eu rumino desde menininho
               D   C D
   Fraco e mirradinho a ração da estrada
      D   D7
Vou mastigando o mundo e ruminando
                  D   C D
E assim vou tocando esta vida marvada.

D   G   D7
É que a viola fala alto no meu peito humano
    D/F#   D7   G
E que toda moda é um remédio pros meus desenganos
   G   D7
É que a viola fala alto no meu peito, mano,
  D7 F#   D7   G
E toda mágoa é um mistério fora deste plano
  G   G7   C
Pra todo aquele que só fala que eu não sei viver
Dm   C
Chega lá em casa prá uma visitinha
                  G
Que no verso e no reverso da vida inteirinha
    D7   G
Hai de encontrar-me num cateretê,
    D7   G
Hai de encontrar-me num cateretê.

        D
Tem um ditado tido como certo,
             C   D
Que cavalo esperto não espanta a boiada,
                 D
E quem refuga o mundo resmungando
         C   D7 C D
Passará berrando essa vida marvada
D7
   Cumpadi meu que inveieceu cantando,
                       D
   Diz que ruminando dá prá ser feliz
C   D   D
Porisso eu vagueio ponteando, e assim,
                    D C D
Procurando a minha flor-de-lis.

Preciso aprender a ser só

Samba-Canção

Marcos Valle e Paulo Sergio Valle

TOM — LÁ MAIOR
A E7 A

Introdução: Bm7 Dm7 C#m7 C° Bm7 A7M⁹ Am9

  A7⁹   D#m7⁹   G#13   A7M⁹
Ah! Se eu te pudesse fazer entender
            Em9   A9-   D7M9
Sem teu amor eu não posso viver
               F#m7   B9   Bm7
Que sem nós dois o que resta sou eu
E5+   A7M9
Eu assim tão só
        D#m9   G#7   A7M9
E eu preciso aprender a ser só
        Em9   A13   D7M69
Poder dormir sem sentir teu amor
       F#m9   B9   Bm9
A ver que foi só um sonho e passou
E7+   Am7
Ah! o amor
            E5+9   E9+   A7M
Quando é demais ao findar leva a paz
     Em7 A9-   D7M9
Me entreguei   sem pensar
        C#m7   Cª
Que a saudade existe
  Bm7
Se vem é tão triste
A7M9   D#m9   G#13   A7M9
Vê, meus olhos choram a falta dos teus
       Em9   A9-   D7M9
Estes teus olhos que foram tão meus
       Bm7   Dm6   C#m7
Por Deus entenda que assim eu não vivo
  C°   Bm7   A7M9   Am9
Eu morro pensando no nosso amor

Escrito nas Estrelas

Arnaldo Dorfman Black e Carlos Rennó

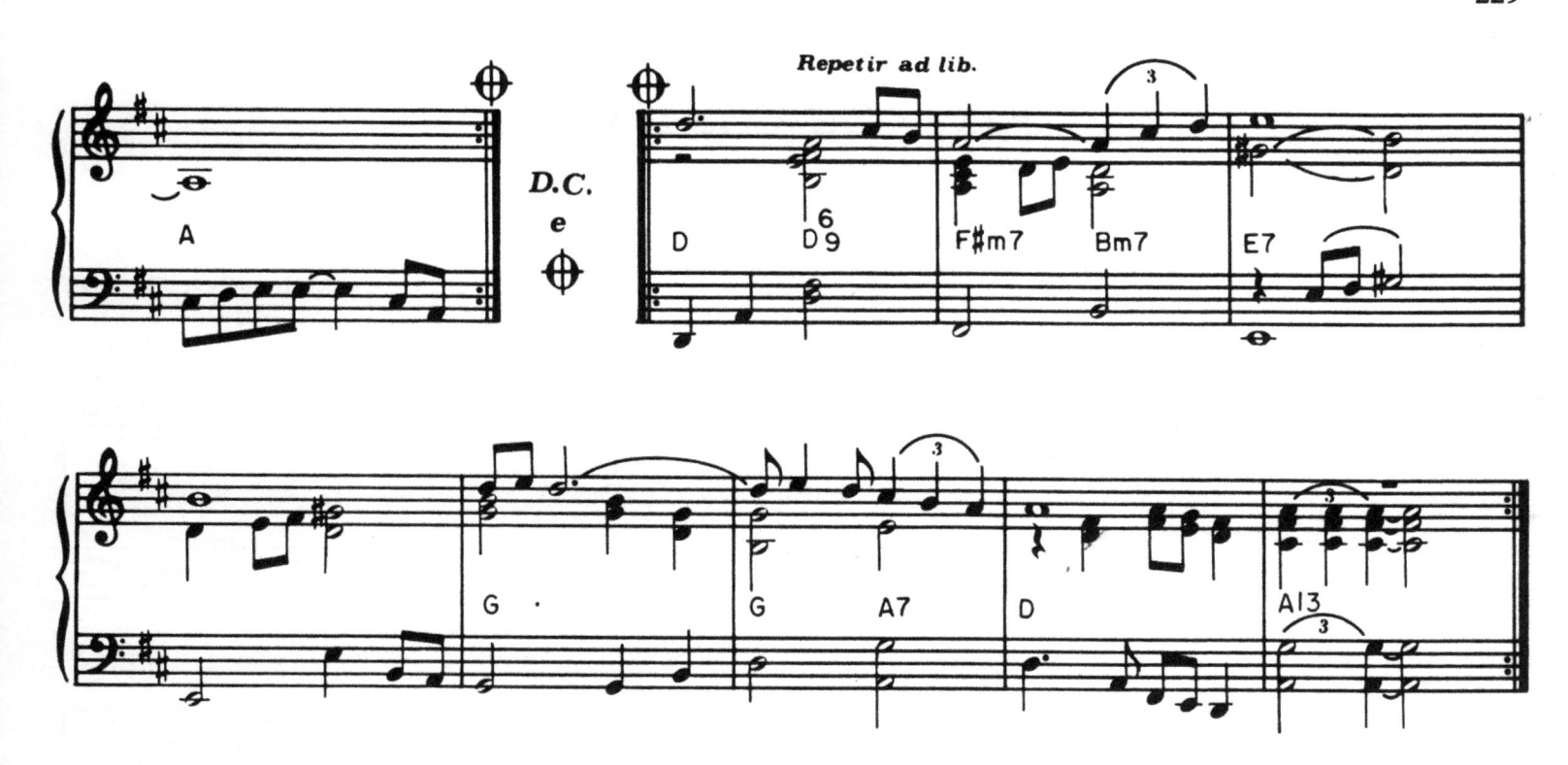

TOM — RÉ MAIOR
D A7 D

Introdução: D D69 F#m7 Bm7 E7 G A7 D

I

D
   Você prá mim foi o sol
D   G
   De uma noite sem fim
Em7   A7
   Que acendeu o que sou
             D
   E renasceu tudo em mim

D
   Agora eu sei muito bem
D   G
   Que eu nasci só prá ser
Em7   G6/A
   Sua parceira, seu bem,
A13   D
   E só morrer de prazer.

II

A7
   Caso do acaso
               E
   Bem marcado em cartas de tarô
G   Em
   Meu amor, esse amor,
            G/A
   De cartas claras sobre a mesa
     A
   É assim.

D
   Signo do destino
             E
   Que surpresa ele nos preparou
G   Em
   Meu amor, nosso amor,
           G/A
   Estava escrito nas estrelas
   A
   Tava sim.

III

D
   Você me deu atenção
D   G
   E tomou conta de mim
Em7   A7
   Por isso minha intenção
            D
   É prosseguir sempre assim.

D
   Pois sem você meu tesão
D   G
   Não sei o que eu vou ser
Em7   G6
   Agora preste atenção
A13   D
   Quero casar com você.

(Para acabar) D D69 F#m7 Bm7 E7 G A

Pedido de casamento

Quadrilha

Arranjo Fácil
pelo processo de Baixos Alternados

Mário Mascarenhas

© Copyright 1953 by IRMÃOS VITALE S/A. Ind. e Com. - São Paulo - Rio de Janeiro - Brasil
Todos os direitos autorais reservados para todos os países - All Rights Reserved

Este Arranjo foi feito pelo «Processo de Baixos Alternados», cujo sistema pertence às lições de «Como tocar a Música Popular Brasileira», Dicionário Completo de Acordes e o Segredo Maravilhoso das Cifras, que se encontram no 3.º Volume da obra: «120 Músicas Favoritas Para Piano», de Mário Mascarenhas.

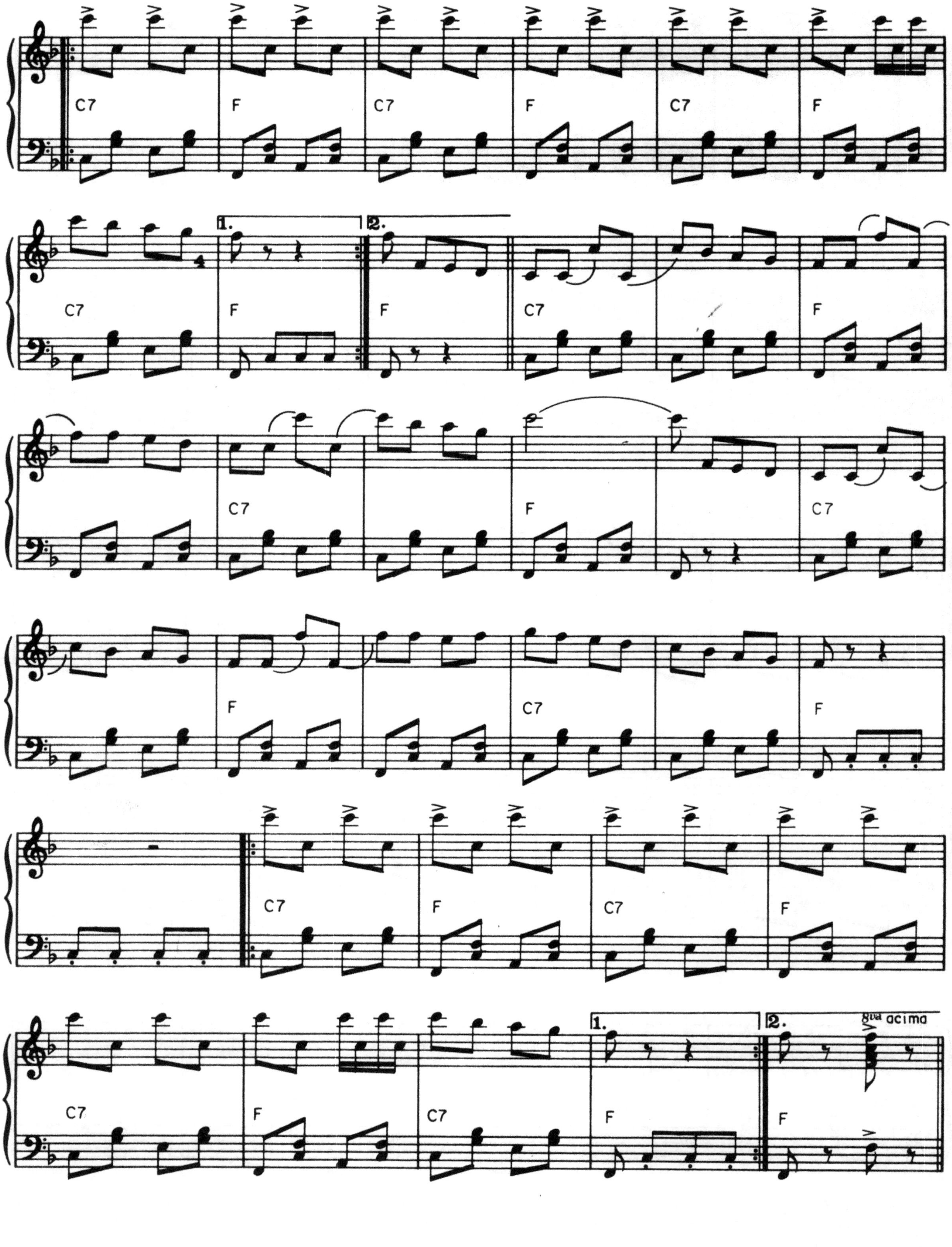
C7
F
C7
F
C7
F
C7
F
F
C7
F
C7
F
C7
F
C7
F
C7
F
C7
F
C7
F
C7
F
8va acima

Deixa eu te amar

Agepê, Camillo e Mauro Silva

A
Dm7
Bm5-
E79
E7
Am7
F7
E9-
Am7
Em5-
A5+
E7
Am
Dm
A
Do
ao
Am7
Em5-
A7
Dm
A5+
Dm7
F
G
Am
F7
Bm5-
E7
G♯
Gm
B♭
A7
Bm5-
E7
Am
A9
Ao
A
e
Am

TOM - LÁ MENOR
Am E7 Am

Introdução: *Dm7 Bm5= E9= Am7 F7 E7 Am*

```
     Am        F
Quero ir na fonte do teu ser
     Am           Dm
E banhar-me na tua pureza
     Bm5-         Dm
Guardar em potes de felicidade
     E7                    Am
Matar saudades que ainda existe em mim
     F7M     E7       Am7
Afagar teus cabelos molhados
                          Dm
Pelo orvalho que a natureza rega
     Dm                Bm5-
Com a sutileza que lhe fez oh! perfeição
     E7                Am Em5- A5+
Deixando a certeza de amor no coração.
```

Bis:
```
Dm7         Bm5-
Deixa eu te amar
     E9-              Am7
Faz de conta que sou o primeiro
                F7
Na beleza deste teu olhar
     E9-              Am7
Eu quero estar o tempo inteiro
```

```
Am7       F
Quero saciar a minha sêde
     Am              Dm
Num desejo da paixão que me alucina
     Bm5-                      F
Vou me embrenhar em densa mata, só porque
     E7                    Am
Existe uma cascata que tem água cristalina
     F7M     E7      Am7
Aí então vou te amar com sêde
     Em5-         A7 Dm A5+
Na relva, na rêde, onde você quizer
```

Bis:
```
Dm        F7M    Am
Quero te pegar no colo
          F7
Te deitar no solo
     E7     Bm A7
E te fazer mulher
```

Bis:
```
Dm7         Bm5-
Deixa eu te amar
     E9-              Am7
Faz de conta que sou o primeiro
          F7
Na beleza deste teu olhar
     E9-              Am7
Eu quero estar o tempo inteiro
```

Deixa

Samba-Bossa

Baden Powell e Vinicius de Moraes

Bm7
E9-
Am
E7
Am
A7
Dm7
Cm4
F7
Bb7M
C7
F7M
Cm7
F7
Bb7M
Gm7
A7
Dm7
Dm9
E7
Em5-
A7
Dm7
Cm4
Bm5-
E7

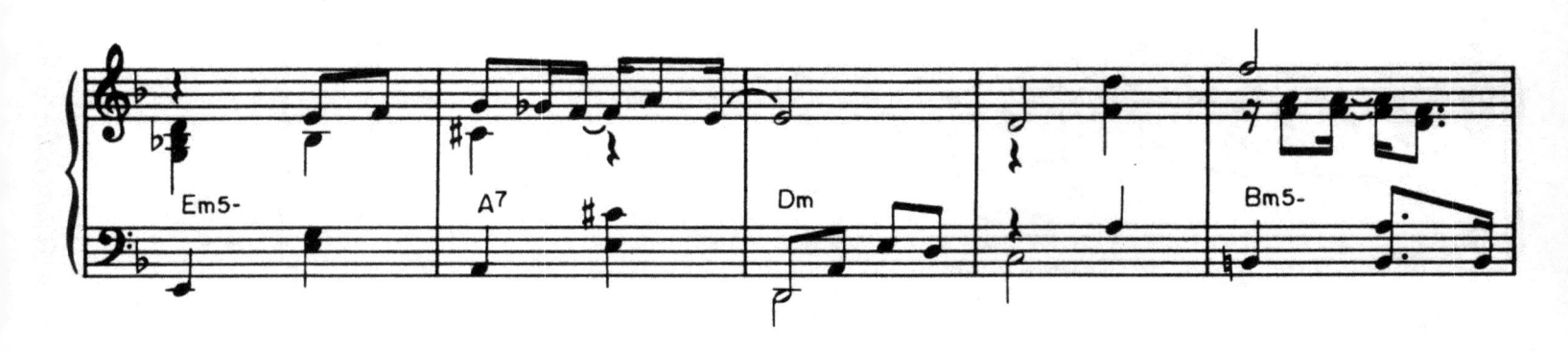

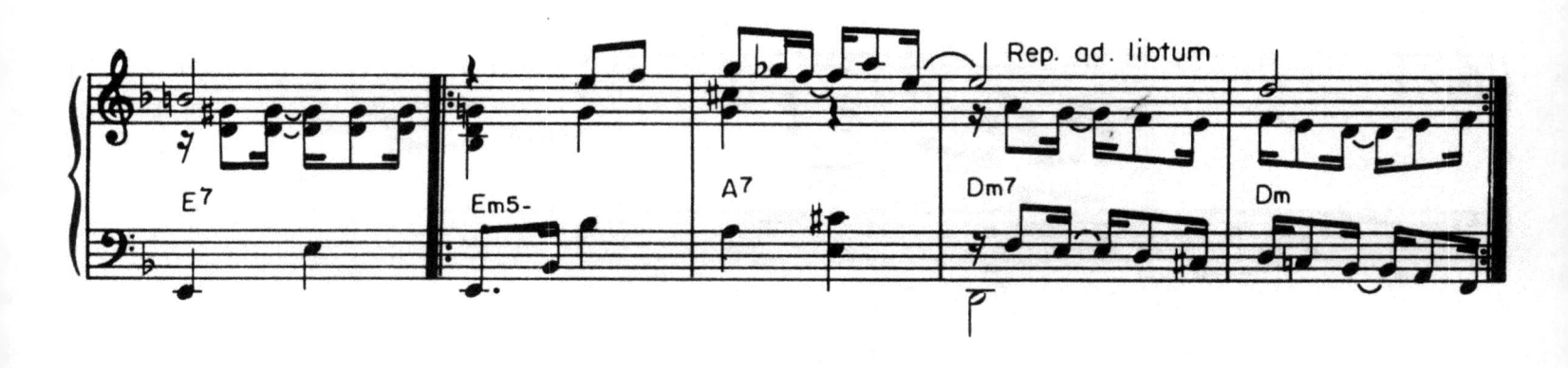

TOM - FÁ MAIOR
F   C7   F

Introdução: F7M   Gm7   C   Am   Gm7   C7
                         Bb

F
Deixa

Gm7   C9   F7M   F7
Fale quem quizer falar, meu bem,

Bb7M
Deixa,

Gm7   A7   Dm
Deixa o coração falar também

          Bb7M   Gm   A7
Porque ele tem   razão de mais

          Bm7   E9-   Am
Quando se queixa então a gente

E7   Am   A7   Dm   Cm4 F7 Bb7M
Deixa, deixa, deixa, deixa,

            C7   F7M   Cm7 F7
Ninguém vive mais do que uma vez

Bb7M
Deixa,

Gm7   A7   Dm7
Diz que sim prá não dizer talvez

       E7   Em5-
Deixa,

            A7   Dm7   Cm4
       A paixão também exis — te
Bis   Bm5-   E7
       Dei — xa,
            A7   Dm
       Não me deixes ficar triste

Nancy

Samba-Canção e Valsa

Luiz Lacerda e Bruno Arelli

A7 Em7 A7 F♯m7 Em7 A7 D7M
D/F♯ Em7 A7 Em7 A7 D
D7 G G7M F♯m7 Em7 D7 G7M
F♯m7 B7 Em7 A13
D D/F♯ Em7 A7 Em7
A7 1. D G/A A7 2. G7M D6/9

TOM — RÉ MAIOR
D A7 D

Introdução: *D F#m7 G7M D7M A7 D Bm A7*

```
                   G
D                  A      A7   D
      Busquei ansioso um pensamento,
                       Em  B5+  Em
      Que pudesse traduzir
              Em
              D           A7
      O que minh'alma fez por ti,
                              F#m7  Em7  D7M
      Dentro em meu peito assim senti,
                  G
                  A           D7M
      Tudo o que pôde oferecer
              Bm          G7M  Em7
      A alma que vibra em mim
                            F#m7
      É uma canção que idealizei
         B7   Em7    A7    D
      Para poder cantar assim:

                      D
      D7M             F#
      Ouve esta canção
              Em7            A7
      Que eu fiz pensando em ti,
          Em7      A7     F#m7  Em7
      É uma veneração - Nancy.
                              D
      A7  D7M                 F#
      Somente poderia
             Em7       A7
      A musa traduzir
             Em7         A7     D
      O nome que é poesia - Nancy

D7   G                  G7M
      É a mais linda história
            F#m7         Em   D7
      Do amor que eu conheci,
      G7M
      Quando o teu nome
          F#m7        B7
      Assim eu repeti:
           Em7          A13
      Nancy, Nancy, Nancy...

                       D
      D                F#
      Ouve esta canção
                      Em7
      Que eu mesmo fiz
                  A7
      Pensando em ti,                6
          Em7       A7      D  D7M  D9
      É uma veneração - Nancy.
```

1 × 0

chôro

Pixinguinha e Benedito Lacerda

G7 C G dim G E7/G# Am D7
G G6/9 C7M G C7M D7
D7/A Am7 D7/A D7/F# G D7 G
G G7 G7 G dim E dim G dim G E7
Am7 D7 G G7 C G7
C7 F Fm Em7 Am7 D7 G7

G7
C
C
A7
Dm
Fm
C
Am7
D9
G7
C
F
F
F/A
C7
C7
C7
Gm7
C7
F
D7
F# dim
D7
D9-
Gm
Gm7
B♭6
Bdim
F
D7
Gm
C7
1.
F
C7
2.
F
G7
Do
ao
C

As canções que você fez para mim

Roberto Carlos e Erasmo Carlos

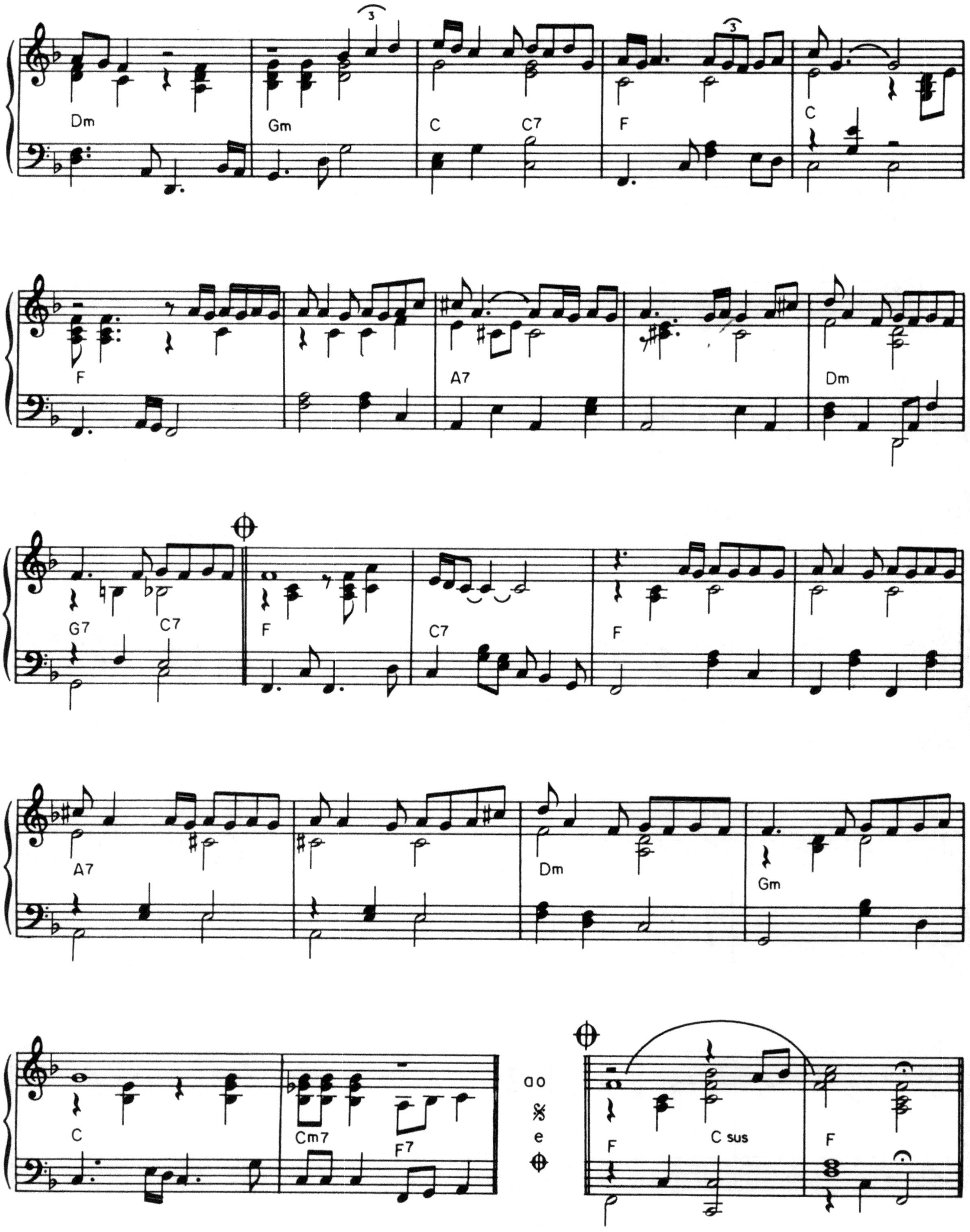
Dm
Gm
C
C7
F
C
F
A7
Dm
G7
C7
F
C7
F
A7
Dm
Gm
C
Cm7
F7
ao
e
F
C sus
F

TOM - FÁ MAIOR
F C7 F

Introdução: F Bb C7 Am Dm Gm C7
                  C

F
Hoje eu ouço as suas canções
           A7
Que você fez para mim

Não sei porque razão
    Dm
Tudo mudou assim
    Gm
Ficaram as canções
    C Gm C7
E você não ficou

F
Esqueceu de tanta coisa
       A7
Que um dia me falou

Tanta coisa que somente
    Dm
Entre nós dois ficou
    Gm
Eu acho que você
        C Gm7 C
Já nem se lembra mais

Bb   **C7**
É tão difícil
       F
Olhar o mundo e ver
F/E   **Dm**
O que ainda existe
Gm   **C**
Pois sem você
  C7   **F**
Meu mundo é diferente
    C
Minha alegria é triste

F
Quantas vezes você disse
    A7
Que me amava tanto

Quantas vezes eu
    Dm
Enxuguei o seu pranto
    G
E agora eu choro só
  C7 **F**
Sem ter você aqui.

Alô, Alô

André Filho

© Copyright 1933 by MANGIONE & FILHOS COMP. LTDA., - Rio de Janeiro - Brasil
Todos os direitos autorais reservados para todos os países - All rights reserved.

TOM - Slb MAIOR
Bb F7 Bb

Introdução: *Bb F7 Bb F7*

Bis:
   F13   *Bb7M Eb*   *Bb*
Alô, alô,   responde,
 Eb7M   *Bb*   *Gm7*   *Cm*
Se gostas mesmo de mim de verdade
 F7   *Cm F7*   *Cm7*
Alô, alô   responde,
 G9-   *Cm7*   *F9*   *Bb7M*
Responde com toda sinceridade... Alô, alô,

        F7   *Bb*
Tu não respondes e o meu coração em lágrimas,
     F7   *Bb7M*
Desesperado vai dizendo alô, alô...
Bb7M   *A7*   *Bb*
Ai se eu tivesse a certeza desse teu amor,
     F7   *Bb* *F13*
A minha vida seria um rosal em flor.
             Bb7M
Estribilho: Alô, alô, etc.

 F7   *Bb*
Alô, alô, continuas a não responder
      F7   *Bb7M*
E o telefone cada vez chamando mais
Bb7M   *F7*   *Bb*
É sempre assim, não consigo ligação
         F7   *Bb* *F13*
Meu bem, indiferente, não te importas com meus ais!
           Bb7M
Estribilho: Alô, alô, etc.

Violão não se empresta a ninguém

Samba

Benito de Paula

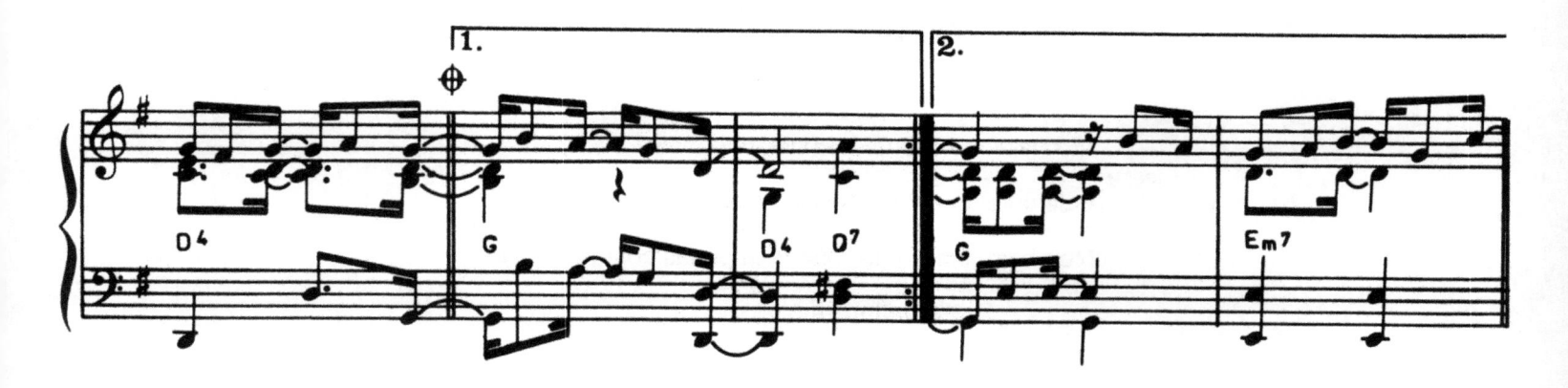

TOM — SOL MAIOR

G   D7   G

Introdução: *G7M   Am7   Bm7   G   D7*

G7M   B7   Em C7M   G7 C7M G13
Onde está você com o meu violão

C7M   A♯dm   Bm7
Se você chegar fora de hora

Em7   Am7   D4   G
Não deixo você desfilar no meu cordão

D4   D7
(Não deixo não)

Em7   Am7
Cinco e meia, seis e meia

D7   G9(6)
Esperei você não veio

Dm7   G7   C7M
Eu bem disse outro dia

B7   Em7
Violão não se empresta a ninguém

C7M Bm7   Am7
Espero mais meia hora

A♯dm   Bm7
E se você não chegar

Em7   Am/C
Não aceito conversa mole

Am7   D7
Não aceito desculpa

G
E não vai desfilar

Am7   D7
(Não deixo não

Alguém me disse

Bolero

Jair Amorim e Edvaldo Gouveia

TOM — LÁ MENOR
Am E7 Am

Introdução: *F7M Dm7 Bm7 E7*

       Am7   *Dm E9-   Am   Bm E7*
Alguém me disse que tu andas   novamente
   DM7   *G7*   *Em7*
De novo amor, nova paixão, toda contente
   Am7
Conheço bem
    F
Tuas promessas
  Dm
Outras ouvi
  Bm5 -
Iguais a essas
E7   *Am*   *Dm7 E7*   *Am Bm7*
Esse teu jeito de enganar   conheço bem

E7   *Am*   *Dm7 E9*   *Am Bm7*
Pouco me importa que te vejam   tantas vêzes
                                                Gm
E7   *Am*   *Dm7 G7*   *C7M Bb*
E que tu mudes de paixão   todos os meses
A7   *Dm*
Se vais beijar
       E7
Como eu bem sei
        Am
Fazer sonhar
      Gm9
Como eu sonhei
C7   *F7M*   *Bm5-*
Mas sem ter nunca o amor igual
E7   *Am E7*
Ao que eu te dei
                        F   *Dm*
                  Eb Dm7 C Am
Para terminar: Ao que eu te dei

Chora Cavaquinho

Samba

Waldemar de Abreu (Dunga)

TOM - DÓ MAIOR
C G7 C

Introdução: Dm D#° Em7 Am7 A7 Dm7 G9 C Dm7 G7

Bis
{
    G7 C7M   Am9   D9
Chora cavaquinho, chora
    Dm7   G7   C7M   F7M E9-
Chora violão, também
    Am   Em9   Dm9 Dm7
Que o nosso amor foi embo - ra
    D7   Fm   G7
Deixando saudade em alguém.
}

      G7
Quantas vezes
    C7M C7M
Ele canta - va
   B°   E9°   Am7
Alegrando o meu coração
  Dm7   F G7   C
O seu cantar redobrava
  A7   D7 G7   C
Fazendo sentir o violão.

    G7   C7M C7M
E não tendo mais esperan - ça
  B° E7   Am7
Na morte vivo pensando
  Dm7 F G7   C
Parece ino - cente criança
  A7   D7
Um pobre cavaquinho
  G7   C
Triste chorando.

Jurar com lágrimas

Samba

Paulinho da Viola

© Copyright 1965 by IRMÃOS VITALE S/A. Ind. e Com. - São Paulo - Rio de Janeiro - Brasil
Todos os direitos autorais reservados para todos os países - All Rights Reserved

TOM — DÓ MAIOR
C   G7   C

Introdução: *C   B7   Em7   Am7   D7   G7   C   Am7   Dm7   G13*

```
         C   C6/9  E7   Am
         Jurar    com lágrimas
         A7      D7  Dm7    G7  Em7  G7
         Que me ama    não adianta nada
                       F
         G13 Dm7      G   G7  Em7
  Bis    Eu não vou acre—ditar
                       F
         A7          G  G7C  C7M   G13
         E melhor nos separar
                       F
                     G  G7  C   G7M Em7  Ebm7
                  2ª vez; separar
```

```
Dm                    G7          C
Não pode haver felicidade
         Am7         Dm
Se não há sinceridade
G7                 C7M   Em7  Ebm9
Dentro do nosso lar
Dm7          G7             C
Se aquele amor não morreu
         Am           D7
Não precisa me enganar
                    Dm
D7      Dm7  C         G7
Que seu coração é meu
```

Orgulho

Samba Canção

Nelson Wederking e Waldir Rocha

TOM — Sib MAIOR
Bb   F7   Bb

Introdução: *Eb7M   Eb7   Bb   Bb7M   Dm5-   G7   Cm7   F7   Bb7M   G7   C7   F7*

    Bb   Bb7M   *Eb7*   *Eb7M*   *Dm7   G/A*
Tu   me mandaste embora eu irei
   Eb
   F   *F7*   *Bb7M*
Mas comigo também levarei
   Dm   *G7*   *Cm   G7   G9-*
O orgulho de não mais voltar,
                Eb
Cm   *F*   *Cm7*
Mesmo que a vida se torne cruel,
   F7
   Eb   *Cm7*   *F7*
Se transforme numa taça de fel
       Eb
Cm7   *F*   *Bb7M   Gm7   Cm$^9_6$*
Este trapo tu não mais verás.

Eb
F   *Bb6*   *Eb7*   *Eb7M*   *Dm7*
Eu seguirei com meu dissabor
        Cm7   *F7*   *Bb7M*   *Ab7*
Com a alma partida de dor,
G7   *Cm   Fm7*
Procurando esquecer,
                               Bb
Bb   *Eb*   *Eb7M   Ebm6*   *D*
Deus sabe bem quem errou de nós dois
Dm7   *G7*   *Cm*
E dará o castigo depois,
   F7   *Bb   Gm7   Eb^{9}M   Bb7M*
O castigo a quem merecer.

Canção da manhã feliz

Samba - Canção

Haroldo Barbosa e Luiz Reis

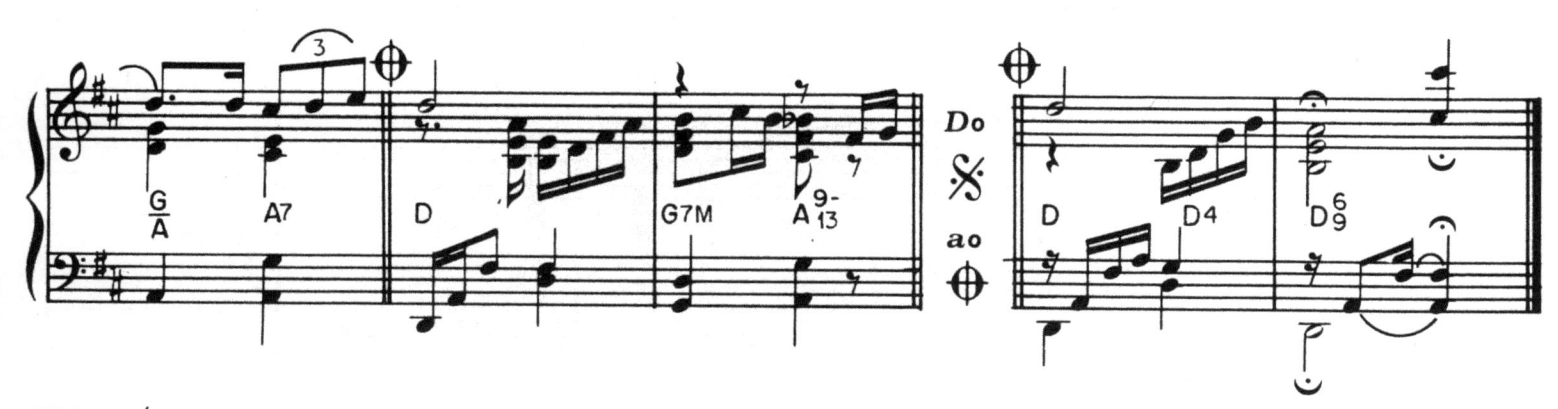

TOM - RÉ MAIOR
D A7 D

Introdução: D7M E7 A5+^{9}

    Em7   C7   D7M $\frac{G}{A}$ F#m B9−
Luminosa manhã, porque tanta luz...
    Em7   C7   D7M
Dá-me um pouco de céu, mas não tanto azul...
F#9−   Bm   C#m5−
Dá-me um pouco de festa, não esta,
F#7   F#m5−   C7
Que é demais pro meu anseio;
   Bm7   E7
Ela veio, manhã, você sabe,
   Em7 A7
Ela veio...
   Em9   A7   D $\frac{G}{A}$
Despertou-me chorando, e até me beijou...
D7   Am7   D7   G7M $\frac{C}{D}$ Bm7 Am7
Eu abri a janela e este sol entrou...

   G7M   G#m5−   C#7
De repente, em minha vida,
   F#m7   Bm7
Já tão fria, sem desejos...
   Em7
Estes festejos,
A7   F#13 F#13− F#m
Esta emoção...
B9−   Em7   A7
Luminosa manhã
   F#m7   B7
Tanto azul, tanta luz,
   G7M $\frac{G}{A}$ A7 D Dsusp^4 D9^6 D9^6^{7M}
É demais, pro meu coração!...

Dá-me

Adylson Godoy

TOM - LÁ MENOR
Am   E7   Am

Introdução: *Am   Bb   Bb7M   Am*
                    A

Am
Volta amor...
Am7   Gm6   Gm7
Dá-me tua mão amor...
C7   F7M
Teu coração amor...
      Bb7M
A minha voz
   Bm4   E7   E9 –
Chamou,
E7   Am
Demais amor
       Gm6
Dá-me tua mão amor ...
C7   F7M
Dá-me o perdão amor...
      Bb7M
Leva esta dor
   Bm4   E7
Tão gran - de

A7
Volta amor
Bb
 A
Você nasceu prá mim,
B
 A
Você lutou por mim
         Am7   D9
Você chorou como eu
Gm7   D9 –
Riu como eu
F7M   Bb7M   A
Dê sua mão amor

Camundongo

Chôro

Waldir Azevedo e Risadinha do Pandeiro

© Copyright 1951 by EDITORA MUSICAL BRASILEIRA LTDA. - Rio de Janeiro - Brasil
Todos os direitos autorais reservados para todos os países - All rights reserved

1.
C7
Fm
G7
Cm
D7
G7
2.
G5+
G7
Cm
Do 𝄋 ao ⊕
Eb
Eb7
Ab
Ab
Eb7
Bbm
Eb7
Bbm
Eb7
Ab
Ab7
Db
Db
Ab
F7
Bbm
Eb7
Ab
Do 𝄋 ao ⊕
Eb

O Trenzinho do Caipira

Arranjo Especial para o M.P.B.

H. Villa Lobos

267

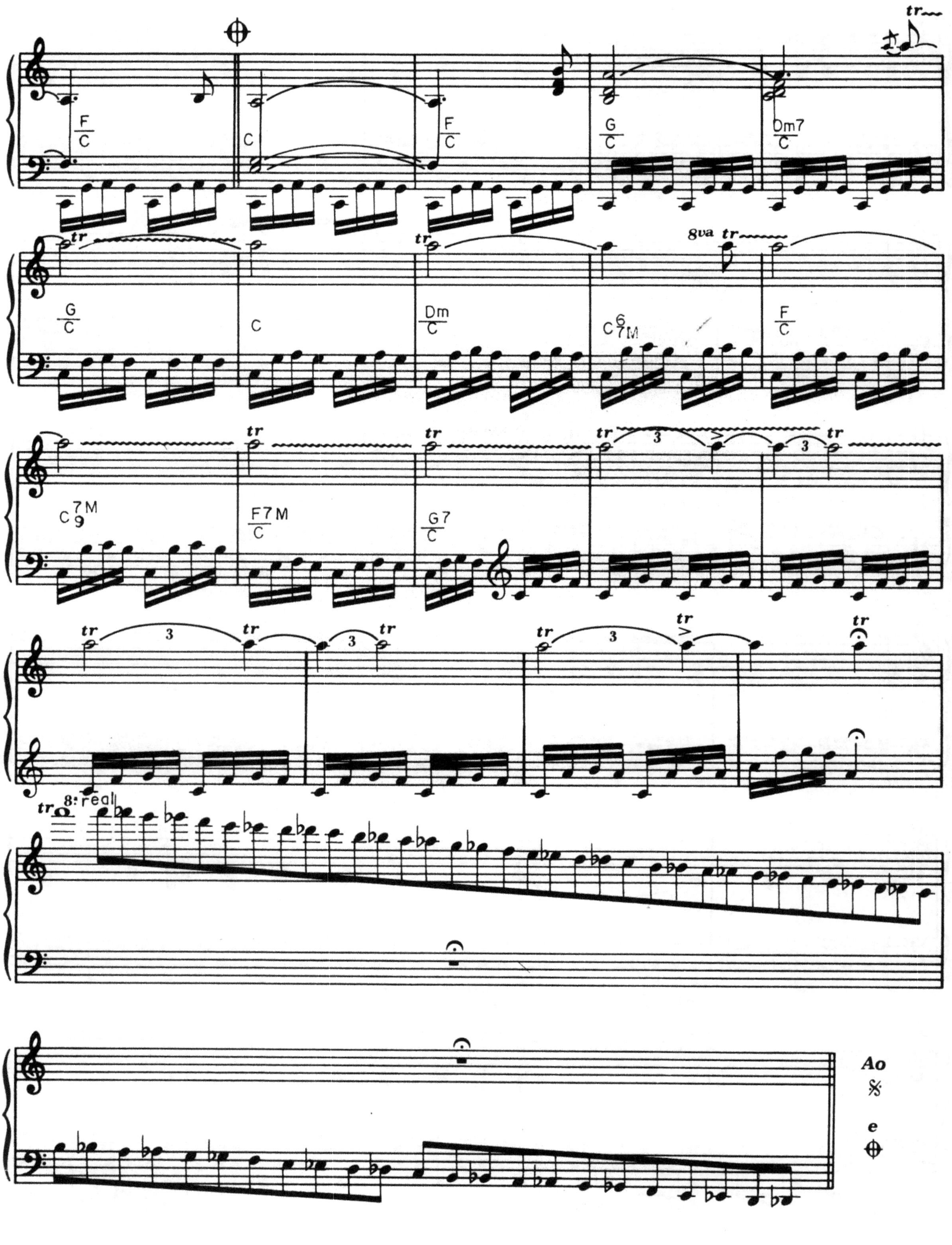

F/C
C
F/C
G/C
Dm7/C
G/C
C
Dm/C
C6 7M
F/C
C7M 9
F7M/C
G7/C
8va
8: real
Ao
e

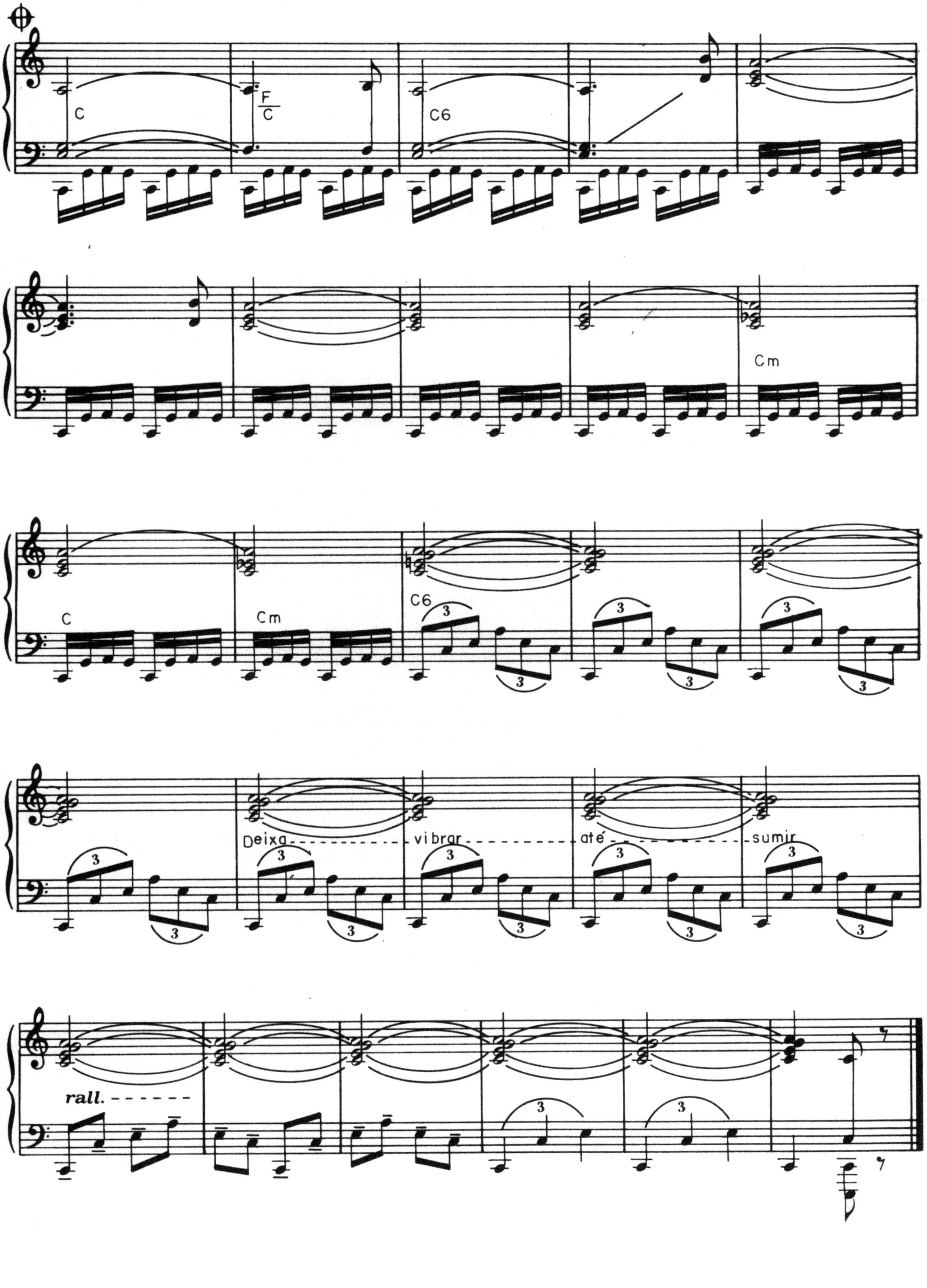
C
F
C
C6
Cm
C
Cm
C6
Deixa
vibrar
até
sumir
rall.

O SEGREDO MARAVILHOSO DAS CIFRAS

Atendendo à diversos telefonemas de Professores e Pianistas que não tocam pelo Sistema Cifrado, transcrevo aqui algumas rápidas orientações de «Como tocar a Música Popular por Cifras».

Não irei apresentar precisamente uma aula, porque o espaço é pequeno, mas apenas algumas «Dicas» para aqueles que me telefonam do interior, baseado no sucesso desta Enciclopédia «O Melhor da Música Popular Brasileira», atualmente em 7 volumes, cujo 1.º volume já atingiu a 3.ª edição em menos de um ano.

GOSTAR DE CIFRAS

Antes de dar a primeira «Dica», gostaria de dizer que o melhor remédio para aprender Cifras é «Gostar delas» e não querer aprender já vindo «Sem vontade de gostar», pois seu estudo requer muito gosto, ação criadora e ritmo próprio. É mais uma matéria importante que vai somar aos seus conhecimentos musicais, porque será, sem dúvida alguma, uma prova de Ritmo, onde você poderá criar maravilhas com estas simples Cifras, que nada mais são que uma oportunidade para colocar em prática todos os seus conhecimentos de Harmonia ou os seus dons naturais deste seu ouvido absoluto que Deus lhe deu.

CIFRAS

São letras e sinais convencionais que se colocam acima ou abaixo de uma Melodia, para representar os acordes do Acompanhamento. As Cifras, mundialmente conhecidas, são escritas em Lingua Anglo Saxônia e Lingua Latina.

DÓ   RÉ   MI   FÁ   SOL   LÁ   SI   (Lingua Latina)
C   D   E   F   G   A   B   (Anglo Saxônia)

ORDEM ALFABÉTICA

As notas em Lingua Anglo Saxônia, seguem a ordem do alfabeto;

A   B   C   D   E   F   G

Começa na letra **A**, que é a nota Lá, por ser a nota principal do Diapasão Normal. As Cifras são usadas desde a Idade Média.

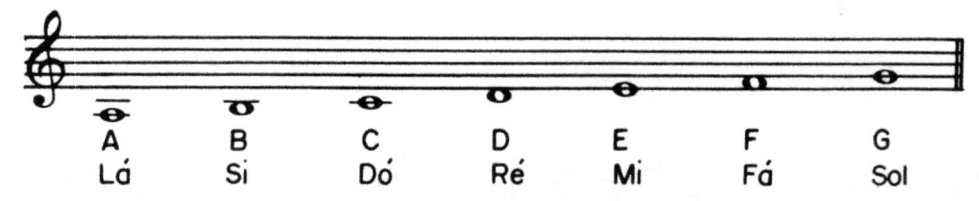

A	B	C	D	E	F	G
Lá	Si	Dó	Ré	Mi	Fá	Sol

Na Cifragem Anglo Saxônia, os acordes maiores são representados apenas pela letra maiúscula correspondente, e nos acordes menores acrescentando um **m** (minúsculo). Ex. C - DÓ Maior e Cm - DÓ menor.

SINAIS CONVENCIONAIS PARA REPRESENTAR OS ACORDES
(EXEMPLO EM C - DÓ)

C	Lê-se	DÓ Maior
C5+	"	DÓ com 5.ª aumentada
C6	"	DÓ com sexta
C7	"	DÓ Sétima (menor) Dominante
C7M	"	DÓ Sétima Maior
C9(C79)	"	DÓ nona Maior

Cm	Lê-se	DÓ Menor
Cm6	"	DÓ menor com sexta
C dim (C.º)	"	DÓ Sétima Diminuta
Cm7	"	DÓ menor Sétima
C9−(C79−)	"	DÓ com nona menor

(Assim em todos os tons)

ALGUNS ACORDES FORMADOS SOBRE A TÔNICA C - DÓ
(SOMENTE NO ESTADO FUNDAMENTAL)

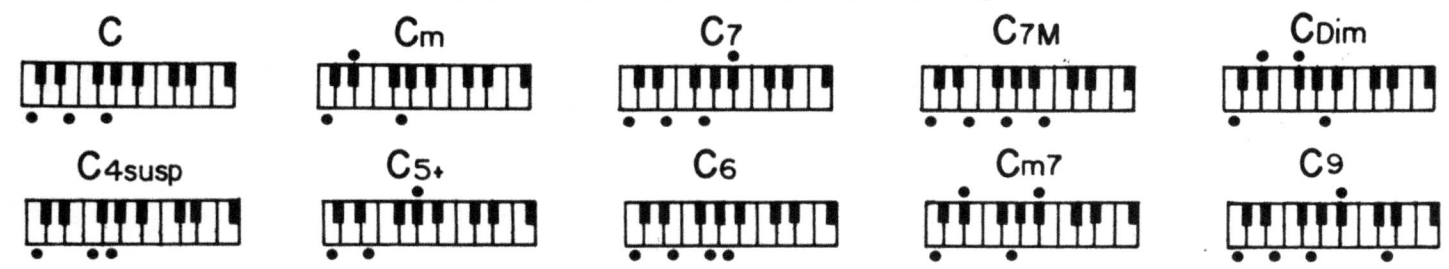

C   **Cm**   **C7**   **C7M**   **CDim**

C4susp   **C5+**   **C6**   **Cm7**   **C9**

Os acordes de C7, C7M e C9, podem ser simplificados, substituindo-os por C e os de Cm7 podem ser substituídos por Cm.

Para se formar o acorde de 4.ª Suspensa, retira-se a 3.ª do acorde (MI) e coloca-se a 4.ª que é o Fá (no tom de DÓ). Esta 4.ª chama-se Suspensa porque causa uma impressão de Suspense no acorde.

Os violonistas quase sempre substituem o acorde de Quinta Diminuta por 7.ª Diminuta. Ex: Cm5- por Cdim ou C.º.

ACORDES PARADOS E ARPEJADOS PARA PRINCIPIANTES

Para que os principiantes possam tocar todas as músicas desta Enciclopédia, deixo aqui uma pequena «Dica», que por certo vai dar-lhes a oportunidade de executar suas músicas, extravasando assim sua ansiedade de tocar, mesmo que seja de uma maneira fácil e simples. Como eles não podem ainda movimentar e produzir ritmos com os acordes da Mão Esquerda, aconselho tocar os Acordes Parados ou Arpejados. Deverão tocar somente as notas de cima da Melodia que está na Clave de Sol, observando as Cifras dos acordes e mudando-os todas as vezes que aparecer uma Cifra diferente.

MÃO ESQUERDA

C (Acorde Parado) — Sol / Mi / Dó

C (Acorde Arpejado) — Dó Mi Sol Mi   Dó Mi Sol Mi

RONDA

F — Dó / Lá / Fá — Parado

Am — Mi / Dó / Lá — Parado

Am5- — Mib / Dó / Lá — Parado

D — Ré Fá# Lá — Arpejado   etc.

O SEGREDO MARAVILHOSO DAS CIFRAS
E
COMO TOCAR A MÚSICA POPULAR POR CIFRAS

Para os interessados em executar a Música Popular por Cifras, recomendo adquirir duas obras importantes, onde serão encontrados todos os ensinamentos do SISTEMA CIFRADO: «O SEGREDO MARAVILHOSO DAS CIFRAS» e «COMO TOCAR A MÚSICA POPULAR POR CIFRAS», que se encontram no 3.º volume da obra: «120 Músicas Favoritas para Piano», de Mário Mascarenhas.

Também, será de muito proveito, para completar este estudo, adquirir o «MÉTODO DE ÓRGÃO ELETRÔNICO», do mesmo autor, onde contém as Cifras mais completas e com os acordes mais dissonantes.

ÍNDICE VOLUME 1

ABISMO DE ROSAS
ÁGUAS DE MARÇO
ALEGRIA, ALEGRIA
AMANTE À MODA ANTIGA
AMIGO
A NOITE DO MEU BEM
APANHEI-TE, CAVAQUINHO
APELO
AQUARELA BRASILEIRA
ARROMBOU A FESTA
AS ROSAS NÃO FALAM
ATRÁS DA PORTA
BACHIANAS BRASILEIRAS Nº 5
BOA NOITE, AMOR
BOATO
CAÇADOR DE MIM
CAFÉ DA MANHÃ
CANÇÃO QUE MORRE NO AR
CARCARÁ
CARINHOSO
CAROLINA
CHÃO DE ESTRELAS
CIDADE MARAVILHOSA
CONCEIÇÃO
DÁ NELA
DE CONVERSA EM CONVERSA
DEUSA DA MINHA RUA
DISSE ME DISSE
DORINHA, MEU AMOR
DUAS CONTAS
EMOÇÕES
ESMERALDA
ESSES MOÇOS
ESTÃO VOLTANDO AS FLORES
ESTRADA DA SOLIDÃO
FESTA DO INTERIOR
FIM DE SEMANA EM PAQUETÁ
FIO MARAVILHA
FLOR AMOROSA
FOLHAS SÊCAS
GAROTA DE IPANEMA
GENTE HUMILDE
GOSTO QUE ME ENROSCO
INFLUÊNCIA DO JAZZ
JANGADEIRO
JANUÁRIA
JURA
LADY LAURA
LÁGRIMAS DE VIRGEM
LATA D'ÁGUA
LIGIA
LUAR DO SERTÃO
LUIZA
MARVADA PINGA
MATRIZ OU FILIAL
MEU BEM QUERER
MEUS TEMPOS DE CRIANÇA
MODINHA
NA PAVUNA
NÃO DÁ MAIS PRA SEGURAR (EXPLODE CORAÇÃO)
NÃO EXISTE PECADO AO SUL DO EQUADOR
NÃO IDENTIFICADO
NOSSOS MOMENTOS
Ó ABRE ALAS
O BÊBADO E A EQUILIBRISTA
O MORRO NÃO TEM VEZ
ONDE ANDA VOCÊ
OS SEUS BOTÕES
O TEU CABELO NÃO NÉGA
PARALELAS
PELA LUZ DOS OLHOS TEUS
PELO TELEFONE
PÉTALA
PRELÚDIO PARA NINAR GENTE GRANDE
QUANDO VIM DE MINAS
REFÉM DA SOLIDÃO
REGRA TRÊS
ROMARIA
RONDA
SAMBA EM PRELÚDIO
SE ELA PERGUNTAR
SEI LÁ MANGUEIRA
SERRA DA BOA ESPERANÇA
SERTANEJA
SE TODOS FOSSEM IGUAIS A VOCÊ
SÓ DANÇO SAMBA
SONS DE CARRILHÕES
SUBINDO AO CÉU
TERNURA ANTIGA
TICO-TICO NO FUBÁ
TRAVESSIA
TREM DAS ONZE
TROCANDO EM MIÚDOS
TUDO ACABADO
ÚLTIMO DESEJO
ÚLTIMO PAU DE ARARA
VALSINHA
VASSOURINHA
VERA CRUZ
VIAGEM

ÍNDICE VOLUME 2

AÇAÍ
A DISTÂNCIA
A FLOR E O ESPINHO
A MONTANHA
ANDRÉ DE SAPATO NOVO
ATÉ AMANHÃ
ATÉ PENSEI
ATRÁS DO TRIO ELÉTRICO
A VIDA DO VIAJANTE
BATIDA DIFERENTE
BLOCO DA SOLIDÃO
BONECA
BREJEIRO
CHEIRO DE SAUDADE
CHICA DA SILVA
CHOVE CHUVA
CHUVA, SUOR E CERVEJA
CHUVAS DE VERÃO
CADEIRA VAZIA
CANÇÃO DO AMANHECER
CANTO DE OSSANHA
DA COR DO PECADO
DINDI
DOMINGO NO PARQUE
ELA É CARIOCA
EU SONHEI QUE TU ESTAVAS TÃO LINDA
EXALTAÇÃO À BAHIA
EXALTAÇÃO A TIRADENTES
FÉ
FEITIÇO DA VILA
FOI A NOITE
FOLHAS MORTAS
FORÇA ESTRANHA
GALOS, NOITES E QUINTAIS
HOJE
IMPLORAR
INÚTIL PAISAGEM
JESUS CRISTO
LAMENTOS
LEMBRANÇAS
MARIA NINGUÉM
MARINA
MAS QUE NADA
MEU PEQUENO CACHOEIRO
MEU REFRÃO
MOLAMBO
MULHER RENDEIRA
MORMAÇO
MULHER
NOITE DOS NAMORADOS

NO RANCHO FUNDO
NOVA ILUSÃO
Ó PÉ DE ANJO
OBSESSÃO
ODEON
O DESPERTAR DA MONTANHA
OLHOS VERDES
O MENINO DE BRAÇANÃ
O MUNDO É UM MOINHO
ONDE ESTÃO OS TAMBORINS
O ORVALHO VEM CAINDO
O QUE É AMAR
PAÍS TROPICAL
PASTORINHAS
PIERROT APAIXONADO
PISA NA FULÔ
PRA DIZER ADEUS
PRA FRENTE BRASIL
PRA QUE MENTIR?
PRA SEU GOVERNO
PRIMAVERA (VAI CHUVA)
PROPOSTA
QUASE
QUANDO EU ME CHAMAR SAUDADE
QUEREM ACABAR COMIGO
RANCHO DA PRAÇA ONZE
RETALHOS DE CETIM
RETRATO EM BRANCO E PRETO
RODA VIVA
SÁBADO EM COPACABANA
SAMBA DE ORFEU
SÁ MARINA
SAUDADES DE OURO PRETO
SAUDOSA MALOCA
SE ACASO VOCÊ CHEGASSE
SEGREDO
SEM FANTASIA
TARDE EM ITAPOAN
TATUAGEM
TERRA SÊCA
TESTAMENTO
TORÓ DE LÁGRIMAS
TRISTEZA
TRISTEZAS NÃO PAGAM DÍVIDAS
ÚLTIMA FORMA
VAGABUNDO
VAI LEVANDO
VAMOS DAR AS MÃOS E CANTAR
VÊ SE GOSTAS
VIVO SONHANDO

ÍNDICE VOLUME 3

A BAHIA TE ESPERA
ABRE A JANELA
ADEUS BATUCADA
AGORA É CINZA
ÁGUA DE BEBER
AMADA AMANTE
AMIGA
AQUELE ABRAÇO
A RITA
ASA BRANCA
ASSUM PRETO
A VOLTA DO BOÊMIO
ATIRASTE UMA PEDRA
BARRACÃO
BERIMBAU
BODAS DE PRATA
BOIADEIRO
BOTA MOLHO NESTE SAMBA
BOTÕES DE LARANJEIRA
CAMINHEMOS
CANSEI DE ILUSÕES
CAPRICHOS DE AMOR
CASA DE CABOCLO
CASTIGO
CHORA TUA TRISTEZA
COM AÇÚCAR, COM AFETO
COM QUE ROUPA
CONSELHO
DEBAIXO DOS CARACÓIS DE SEUS CABELOS
DISSERAM QUE EU VOLTEI AMERICANIZADA
DOIS PRA LÁ, DOIS PRA CÁ
ÉBRIO
É COM ESSE QUE EU VOU
ELA DISSE-ME ASSIM (VAI EMBORA)
ESTRELA DO MAR (UM PEQUENINO GRÃO DE AREIA)
EU E A BRISA
EU DISSE ADEUS
EXALTAÇÃO À MANGUEIRA
FALA MANGUEIRA
FAVELA
FOLHETIM
GENERAL DA BANDA
GRITO DE ALERTA
INGÊNUO
LÁBIOS QUE BEIJEI
LOUVAÇÃO
MANIAS
ME DEIXE EM PAZ
MEU BEM, MEU MAL
MEU MUNDO CAIU

MOCINHO BONITO
MORENA FLOR
MORRO VELHO
NA BAIXA DO SAPATEIRO (BAHIA)
NA RUA, NA CHUVA, NA FAZENDA
NÃO TENHO LÁGRIMAS
NEM EU
NESTE MESMO LUGAR
NOITE CHEIA DE ESTRELAS
NOSSA CANÇÃO
O AMOR EM PAZ
O MOÇO VELHO
O PEQUENO BURGUÊS
OPINIÃO
O PORTÃO
O TIC TAC DO MEU CORAÇÃO
PAZ DO MEU AMOR
PEDACINHOS DO CÉU
PIVETE
PONTEIO
POR CAUSA DE VOCÊ MENINA
PRA MACHUCAR MEU CORAÇÃO
PRIMAVERA
PRIMAVERA NO RIO
PROCISSÃO
QUEM TE VIU, QUEM TE VÊ
QUE PENA
QUE SERÁ
REALEJO
RECADO
REZA
ROSA
ROSA DE MAIO
ROSA DOS VENTOS
SAMBA DO ARNESTO
SAMBA DO AVIÃO
SAMBA DO TELECO-TECO
SAMURAI
SAUDADE DA BAHIA
SAUDADE DE ITAPOAN
SE VOCÊ JURAR
SE NÃO FOR AMOR
SÓ LOUCO
TAJ MAHAL
TEM MAIS SAMBA
TRISTEZAS DO JECA
TUDO É MAGNÍFICO
VINGANÇA
VOCÊ
ZELÃO

ÍNDICE VOLUME 4

ALÉM DO HORIZONTE
AMOR CIGANO
APENAS UM RAPAZ LATINO AMERICANO
ARGUMENTO
ARRASTA A SANDÁLIA
ATIRE A PRIMEIRA PEDRA
A VOZ DO VIOLÃO
BAIÃO
BAIÃO DE DOIS
BANDEIRA BRANCA
BEIJINHO DOCE
CABELOS BRANCOS
CAMA E MESA
CAMISOLA DO DIA
CANÇÃO DE AMOR
CANTA BRASIL
CASA DE BAMBA
CASCATA DE LÁGRIMAS
COMO É GRANDE O MEU AMOR POR VOCÊ
COMEÇARIA TUDO OUTRA VEZ
COMO DIZIA O POETA
CONVERSA DE BOTEQUIM
COPACABANA
COTIDIANO
CURARE
DELICADO
DESACATO
DE PAPO PRO Á
DE TANTO AMOR
DISRITMIA
DOCE DE CÔCO
DÓ-RÉ-MI
É LUXO SÓ
EVOCAÇÃO
FALTANDO UM PEDAÇO
FEITIO DE ORAÇÃO
GOSTAVA TANTO DE VOCÊ
GOTA D'ÁGUA
JARDINEIRA
LAURA
LEVANTE OS OLHOS
LINDA FLOR
LOBO BÔBO
MANHÃ DE CARNAVAL
MANINHA
MENINO DO RIO
MENSAGEM
MEU CONSOLO É VOCÊ
MIMI
MINHA

MINHA NAMORADA
MINHA TERRA
MULHERES DE ATENAS
NA CADÊNCIA DO SAMBA
NA GLÓRIA
NADA ALÉM
NÃO SE ESQUEÇA DE MIM
NAQUELA MESA
NÃO TEM SOLUÇÃO
NATAL DAS CRIANÇAS
NERVOS DE AÇO
NINGUÉM ME AMA
NONO MANDAMENTO
NUNCA MAIS
O BARQUINHO
O CIRCO
O INVERNO DO MEU TEMPO
OLHA
OLHOS NOS OLHOS
O MAR
O PATO
O PROGRESSO
O QUE EU GOSTO DE VOCÊ
O SAMBA DA MINHA TERRA
O SOL NASCERÁ
O SURDO
OS ALQUIMISTAS ESTÃO CHEGANDO
OS QUINDINS DE YAYÁ
PARA VIVER UM GRANDE AMOR
PASSAREDO
PÉROLA NEGRA
PIERROT
QUANDO
QUEM HÁ DE DIZER
RIO
SAIA DO CAMINHO
SE É TARDE ME PERDOA
SONOROSO
SUGESTIVO
SÚPLICA CEARENSE
TÁ-HI!
TEREZINHA
TEREZA DA PRAIA
TRANSVERSAL DO SAMBA
TRÊS APITOS
ÚLTIMA INSPIRAÇÃO
UPA NEGUINHO
URUBÚ MALANDRO
VALSA DE UMA CIDADE
VOCÊ NÃO SABE AMAR

ÍNDICE VOLUME 5

ACALANTO
ACORDA MARIA BONITA
A FONTE SECOU
AGORA NINGUÉM CHORA MAIS
A JANGADA VOLTOU SÓ
ALÔ, ALÔ, MARCIANO
AOS PÉS DA CRUZ
APESAR DE VOCÊ
A PRIMEIRA VEZ
ARRASTÃO
AS CURVAS DA ESTRADA DE SANTOS
A TUA VIDA É UM SEGREDO
AVE MARIA (SAMBA)
AVE MARIA (VALSA)
AVE MARIA NO MORRO
BALANÇO DA ZONA SUL
BASTIDORES
BEM-TE-VI ATREVIDO
BLOCO DO PRAZER
BORANDÁ
BRASILEIRINHO
BRASIL PANDEIRO
CABOCLO DO RIO
CASTIGO
CAMISA LISTADA
CAPRICHOS DO DESTINO
CHOVE LÁ FORA
CHUÁ-CHUÁ
COMO NOSSOS PAIS
CONSTRUÇÃO
COTIDIANO Nº 2
DANÇA DOS SETE VÉUS (SALOMÉ)
DETALHES
DIA DE GRAÇA
DOCE VENENO
DORA
EMÍLIA
ESSE CARA
EU AGORA SOU FELIZ
EU BEBO SIM
EU TE AMO MEU BRASIL
EXPRESSO 2222
FALSA BAIANA
FERA FERIDA
FIM DE CASO
FITA AMARELA
FOI UM RIO QUE PASSOU EM MINHA VIDA
FOLIA NO MATAGAL
GAVIÃO CALÇUDO
GAÚCHO (CORTA JACA)

HOMEM COM H
HOMENAGEM AO MALANDRO
INQUIETAÇÃO
INSENSATEZ
JARRO DA SAUDADE
JOÃO E MARIA
KALÚ
LUA BRANCA
MÁGOAS DE CABOCLO (CABOCLA)
MARIA
MARINGÁ
MEIGA PRESENÇA
MENINA MOÇA
MEU CARIRI
MEU CARO AMIGO
MORENA DOS OLHOS D'ÁGUA
MULATA ASSANHADA
NÃO DEIXE O SAMBA MORRER
NÃO ME DIGA ADEUS
NEGUE
NICK BAR
NINGUÉM É DE NINGUÉM
NUNCA
OCULTEI
O QUE SERÁ (A FLOR DA TERRA)
O SHOW JÁ TERMINOU
O TROVADOR
OUÇA
PALPITE INFELIZ
PENSANDO EM TI
PONTO DE INTERROGAÇÃO
POR CAUSA DE VOCÊ
PRA VOCÊ
QUANDO AS CRIANÇAS SAÍREM DE FÉRIAS
QUE MARAVILHA
RISQUE
RAPAZIADA DO BRAZ
SAMBA DA BENÇÃO
SAUDADE DE PÁDUA
SAUDADE FEZ UM SAMBA
SE QUERES SABER
SÓ COM VOCÊ TENHO PAZ
SORRIS DA MINHA DOR
SUAS MÃOS
TIGRESA
VELHO REALEJO
VOCÊ ABUSOU
VOCÊ EM MINHA VIDA
VOLTA POR CIMA
XICA DA SILVA

ÍNDICE VOLUME 6

A BANDA
AS CANÇÕES QUE VOCÊ FEZ PRA MIM
AH! COMO EU AMEI
AI! QUEM ME DERA
ALGUÉM COMO TU
ALGUÉM ME DISSE
ALÔ ALÔ
ANDANÇA
ANOS DOURADOS
AVENTURA
BILHETE
CHARLIE BROWN
CABELOS NEGROS
CACHOEIRA
CAMUNDONGO
CANÇÃO DA MANHÃ FELIZ
CANÇÃO DA VOLTA
CHEGA DE SAUDADE
CHORA CAVAQUINHO
CHOVENDO NA ROSEIRA
CHUVA DE PRATA
COISAS DO BRASIL
COMEÇAR DE NOVO
CORAÇÃO APAIXONADO
CORAÇÃO APRENDIZ
CORAÇÃO ATEU
CORAÇÃO DE ESTUDANTE
CORCOVADO
DÁ-ME
DE VOLTA PRO ACONCHEGO
DEIXA
DEIXA EU TE AMAR
DESAFINADO
É DOCE MORRER NO MAR
ENCONTROS E DESPEDIDAS
ESTA NOITE EU QUERIA QUE O MUNDO ACABASSE
EU SEI QUE VOU TE AMAR
EU SÓ QUERO UM XODÓ
EU TE AMO
ESCRITO NAS ESTRELAS
FLOR DE LIS
ISTO AQUI O QUE É
JURAR COM LÁGRIMAS
KID CAVAQUINHO
LUA E ESTRELA
LUAR DE PAQUETÁ
LUZ DO SOL
MARIA MARIA
MÁSCARA NEGRA
MINHA PALHOÇA (SE VOCÊ QUIZESSE)

MISTURA
MORENA BOCA DE OURO
NANCY
NO TABULEIRO DA BAIANA
NOS BAILES DA VIDA
NOITES CARIOCAS
NOSSA SENHORA DAS GRAÇAS
O "DENGO" QUE A NEGA TEM
O MENINO DA PORTEIRA
O SANFONEIRO SÓ TOCAVA ISSO
O TRENZINHO DO CAIPIRA
OS PINTINHOS NO TERREIRO
ODARA
ORGULHO
OUTRA VEZ
OVELHA NEGRA
PAPEL MARCHÉ
PEDIDO DE CASAMENTO
PEGA RAPAZ
PISANDO CORAÇÕES
PRECISO APRENDER A SER SÓ
PRIMEIRO AMOR
QUE BATE FUNDO É ESSE?
QUERO QUE VÁ TUDO PRO INFERNO
QUIXERAMOBIM
RASGUEI O TEU RETRATO
SABIÁ
SAMBA DE UMA NOTA SÓ
SAMBA DE VERÃO
SAMBA DO CARIOCA
SAMBA DO PERDÃO
SAXOFONE, PORQUE CHORAS?
SE DEUS ME OUVISSE
SE EU QUISER FALAR COM DEUS
SEI QUE É COVARDIA... MAS
SENTADO À BEIRA DO CAMINHO
SERENATA SUBURBANA
SETE MARIAS
SINA
SOLIDÃO
TRISTEZA DANADA
UM A ZERO (1 x 0)
VAI PASSAR
VIDE VIDA MARVADA
VIOLA ENLUARADA
VIOLÃO NÃO SE EMPRESTA A NINGUÉM
VOCÊ E EU
WAVE
ZÍNGARA
ZINHA

ÍNDICE VOLUME 7

A FELICIDADE
A MAJESTADE O SABIÁ
A SAUDADE MATA A GENTE
A VOZ DO MORRO
ÁLIBI
ALMA
ANDORINHA PRETA
ANTONICO
AS PRAIAS DESERTAS
AS VOZES DOS ANIMAIS
AVE MARIA
AZUL
AZUL DA COR DO MAR
BABY
BANDEIRA DO DIVINO
BALADA DO LOUCO
BALADA TRISTE
BATUQUE NO MORRO
BEIJO PARTIDO
BOLINHA DE PAPEL
BONECA DE PIXE
BRANCA
CAMISA AMARELA
CANÇÃO DA AMÉRICA
CASA NO CAMPO
CASINHA DA MARAMBAIA
CÉU E MAR
COMO UMA ONDA
COMO VAI VOCÊ
CORAÇÃO APRENDIZ
DAS ROSAS
DE CORAÇÃO PRA CORAÇÃO
DENTRO DE MIM MORA UM ANJO
DESLIZES
DEZESSETE E SETECENTOS
ERREI, ERRAMOS
ESQUINAS
EU DARIA MINHA VIDA
EU TE AMO VOCÊ
ÊXTASE
FICA COMIGO ESTA NOITE
FOI ELA
FOGÃO
GAROTO MAROTO
IZAURA
JUVENTUDE TRANSVIADA
LAMPIÃO DE GÁS
LAPINHA
LEVA MEU SAMBA (MEU PENSAMENTO)
LILÁS

LONDON LONDON
MADALENA
MAMÃE
MARCHA DA QUARTA-FEIRA DE CINZAS
MOÇA
MORO ONDE NÃO MORA NINGUÉM
MUITO ESTRANHO
NADA POR MIM
NADA SERÁ COMO ANTES
NAMORADINHA DE UM AMIGO MEU
NÃO QUERO VER VOCÊ TRISTE
NEM MORTA
NÓS E O MAR
O LADO QUENTE DO SER
O QUE É QUE A BAIANA TEM
O TREM AZUL
OS MENINOS DA MANGUEIRA
PALCO
PÃO E POESIA
PARA LENNON E McCARTNEY
PEDE PASSAGEM
PEGANDO FOGO
PEGUEI UM "ITA" NO NORTE
POEMA DAS MÃOS
PRA COMEÇAR
PRA NÃO DIZER QUE NÃO FALEI DAS FLORES
QUEM É
QUEM SABE
RAPAZ DE BEM
RECADO
ROQUE SANTEIRO
ROSA MORENA
ROTINA
SAMPA
SANGRANDO
SAUDADES DE MATÃO
SEDUZIR
SÓ EM TEUS BRAÇOS
SÓ TINHA DE SER COM VOCÊ
SORTE
TELEFONE
TEMA DE AMOR DE GABRIELA
TRISTE MADRUGADA
UM DIA DE DOMINGO
UM JEITO ESTÚPIDO DE TE AMAR
UMA NOITE E MEIA
VAGAMENTE
VOCÊ É LINDA
VOLTA
XAMEGO

ÍNDICE VOLUME 8

A LENDA DO ABAETÉ
A LUA E EU
A VOLTA
ADOCICA
AGUENTA CORAÇÃO
AI! QUE SAUDADES DA AMÉLIA
AMANHÃ
AMÉRICA DO SUL
ANTES QUE SEJA TARDE
AZULÃO
BACHIANAS BRASILEIRAS nº4
BAHIA COM H
BANDOLINS
BANHO DE CHEIRO
BEATRIZ
BOI BUMBÁ
CAIS
CANÇÃO DA CRIANÇA
CANÇÃO DO AMOR DEMAIS
CODINOME BEIJA-FLOR
COM MAIS DE 30
COMUNHÃO
CORAÇÃO DE PAPEL
DANÇANDO LAMBADA
DESABAFO
DESESPERAR JAMAIS
DISPARADA
DONA
EGO
ESMOLA
ESPANHOLA
ESPINHA DE BACALHAU
ETERNAS ONDAS
EU DEI
EU NÃO EXISTO SEM VOCÊ
FACEIRA
FÃ Nº 1
FANATISMO
FARINHADA
FLOR DO MAL
FOI ASSIM
FORRÓ NO CARUARÚ
FRACASSO
FUSCÃO PRETO
GOSTOSO DEMAIS
GITA
HINO DO CARNAVAL BRASILEIRO
ILUSÃO À TOA
ISTO É LÁ COM SANTO ANTÔNIO
JURA SECRETA

LÁBIOS DE MEL
LEVA
LINHA DO HORIZONTE
LUA E FLOR
LUZ NEGRA
ME CHAMA
MEIA LUA INTEIRA
MERGULHO
MEU QUERIDO, MEU VELHO, MEU AMIGO
MEU MUNDO E NADA MAIS
MEXERICO DA CANDINHA
MUCURIPE
NA BATUCADA DA VIDA
NA HORA DA SEDE
NA SOMBRA DE UMA ÁRVORE
NÓS QUEREMOS UMA VALSA
NUVEM DE LÁGRIMAS
O AMANHÃ
O HOMEM DE NAZARETH
OLÊ - OLÁ
O MESTRE SALA DOS MARES
O SAL DA TERRA
OCEANO
ONDE ESTÁ O DINHEIRO?
O XÓTE DAS MENINAS
PEDRO PEDREIRO
PEQUENINO CÃO
PIOR É QUE EU GOSTO
PODRES PODERES
QUEM AMA, NÃO ENJOA
REALCE
REVELAÇÃO
SÁBADO
SAIGON
SAUDADE
SEM COMPROMISSO
SCHOTTIS DA FELICIDADE
SIGA
SURURÚ NA CIDADE
TALISMÃ
TEM CAPOEIRA
TETÊ
TIETA
UMA LOIRA
UMA NOVA MULHER
UNIVERSO NO TEU CORPO
VERDADE CHINESA
VIDA DE BAILARINA
VOCÊ JÁ FOI À BAHIA?
VITORIOSA

ÍNDICE VOLUME 9

A COR DA ESPERANÇA
A PAZ
ACONTECE
ACONTECIMENTOS
ADMIRÁVEL GADO NOVO
AMOR DE ÍNDIO
AMOROSO
AOS NOSSOS FILHOS
APARÊNCIAS
ARREPENDIMENTO
AVES DANINHAS
BAIÃO CAÇULA
BAILA COMIGO
BANHO DE ESPUMA
BEIJA-ME
BIJUTERIAS
BOAS FESTAS
BOM DIA TRISTEZA
BRIGAS NUNCA MAIS
BRINCAR DE VIVER
CÁLICE
CASINHA BRANCA
CASO COMUM DE TRÂNSITO
CHOROS Nº 1
COISA MAIS LINDA
COMEÇO, MEIO E FIM
CORAÇÃO LEVIANO
CORRENTE DE AÇO
DÁ-ME TUAS MÃOS
DE ONDE VENS
DEVOLVI
DOLENTE
E NADA MAIS
E SE
ESPELHOS D'ÁGUA
ESPERE POR MIM, MORENA
ESTÁCIO HOLLY ESTÁCIO
ESTRANHA LOUCURA
EU APENAS QUERIA QUE VOCÊ SOUBESSE
FACE A FACE
FAZ PARTE DO MEU SHOW
FÉ CEGA, FACA AMOLADA
FEIA
FEIJÃOZINHO COM TORRESMO
FIM DE NOITE
FITA MEUS OLHOS
FOI ASSIM
FOTOGRAFIA
GUARDEI MINHA VIOLA
HOMENAGEM A VELHA GUARDA

IDEOLOGIA
ILUMINADOS
JOU-JOU BALANGANDANS
LAMENTO NO MORRO
LINDO BALÃO AZUL
LINHA DE PASSE
MALUCO BELEZA
MANHÃS DE SETEMBRO
MANIA DE VOCÊ
MEDITAÇÃO
MEU DRAMA
MINHA RAINHA
MORRER DE AMOR
NOSTRADAMUS
O POETA APRENDIZ
O TREM DAS SETE
OLHE O TEMPO PASSANDO
ORAÇÃO DE MÃE MENININHA
PEDAÇO DE MIM
PEGUEI A RETA
PELO AMOR DE DEUS
PERIGO
POXA
PRANTO DE POETA
PRECISO APRENDER A SÓ SER
PRELÚDIO
PRELÚDIO Nº 3
PRO DIA NASCER FELIZ
QUALQUER COISA
QUANDO O TEMPO PASSAR
RANCHO DO RIO
RATO RATO
RENÚNCIA
RIO DE JANEIRO (ISTO É MEU BRASIL)
SAUDADE QUERIDA
SEM PECADO E SEM JUÍZO
SENTINELA
SEPARAÇÃO
SEREIA
SERENATA DA CHUVA
SOL DE PRIMAVERA
SOMOS IGUAIS
SONHOS
SORRIU PRA MIM
TELETEMA
TODA FORMA DE AMOR
TODO AZUL DO MAR
TRISTEZA DE NÓS DOIS
UM SER DE LUZ
UMA JURA QUE FIZ

ÍNDICE VOLUME 10

A LUA QUE EU TE DEI
A MULHER FICOU NA TAÇA
A TERCEIRA LÂMINA
ACELEROU
ALVORECER
AMAR É TUDO
ASSIM CAMINHA A HUMANIDADE
AVE MARIA DOS NAMORADOS
BLUES DA PIEDADE
BOM DIA
BYE BYE BRASIL
CALÚNIA
CASO SÉRIO
CHORANDO BAIXINHO
CHUVA
CIGANO
CIRANDEIRO
CLUBE DA ESQUINA Nº 2
COISA FEITA
COR DE ROSA CHOQUE
CORAÇÃO VAGABUNDO
DEUS LHE PAGUE
DEVOLVA-ME
DIVINA COMÉDIA HUMANA
DOM DE ILUDIR
É DO QUE HÁ
É O AMOR
ENTRE TAPAS E BEIJOS
ESPERANDO NA JANELA
ESQUADROS
ESTE SEU OLHAR
ESTRADA AO SOL
ESTRADA DA VIDA
EU VELEJAVA EM VOCÊ
FEITINHA PRO POETA
FEZ BOBAGEM
FORMOSA
FULLGAS
GOOD BYE BOY
INFINITO DESEJO
IRACEMA
JOÃO VALENTÃO
JUÍZO FINAL
LANÇA PERFUME
LATIN LOVER
LEÃO FERIDO
LUA DE SÃO JORGE
LUZ E MISTÉRIO
MAIS FELIZ
MAIS UMA VALSA, MAIS UMA SAUDADE
MALANDRAGEM
MENTIRAS
METADE
METAMORFOSE
MINHA VIDA
MINHAS MADRUGADAS
NÃO ME CULPES
NÃO TEM TRADUÇÃO
NAQUELA ESTAÇÃO
NÚMERO UM
O QUE É, O QUE É
O QUE TINHA DE SER
O SONHO
O TEMPO NÃO PARA
OBA LA LA
ONTEM AO LUAR
OURO DE TOLO
PARTIDO ALTO
PAU DE ARARA
PEDACINHOS
PELA RUA
PENSAMENTOS
PODER DE CRIAÇÃO
POR CAUSA DESTA CABOCLA
POR ENQUANTO
POR QUEM SONHA ANA MARIA
PORTA ESTANDARTE
PRA QUE DINHEIRO
PRAÇA ONZE
PRECISO DIZER QUE TE AMO
PRECISO ME ENCONTRAR
PUNK DA PERIFERIA
RAINHA PORTA-BANDEIRA
RESPOSTA AO TEMPO
RIO
SE...
SEI LÁ A VIDA TEM SEMPRE RAZÃO
SENTIMENTAL DEMAIS
SERENATA DO ADEUS
SINAL FECHADO
SÓ PRA TE MOSTRAR
SOZINHO
SUAVE VENENO
TRISTE
VALSA DE REALEJO
VIAGEM
VILA ESPERANÇA
VOCÊ
VOU VIVENDO